LA FROUSSE

— AUTOUR DU —

MONDE

BRUNO
— BLANCHET —

LES ÉDITIONS

LA PRESSE

Table
des matières

Si Bruno n'a pas assisté à la gestion du premier tome de *La Frousse*, il en est autrement pour le 2ᵉ tome. Bruno se relisait et trouvait son périple ardu. Il voulait changer des tournures de phrases, couper des extraits, il reniait avoir déjà souhaité péter la gueule d'un «mongol»! Il se trouvait négatif et refusait de se montrer humain, fatigué et parfois écoeuré... Vous verrez que certains textes ont été publiés en effet miroir et d'autres tête-bêche... Ce sont ces fameux textes où Bruno se sentait «à l'envers»... Et parce que la forme se doit de refléter le fond, ce tome 2 est plus changeant, plus en mouvement (littéralement en coin de page), moins stable, quoi! À sa demande, on a donc utilisé des couleurs plus vives pour égayer le côté sombre du voyage de cette année-là. Comme le dit Bruno, «maintenant qu'on a donné naissance au bébé, reste seulement qu'à le faire grandir...»

Jacinthe Laporte
Éditrice et... mère porteuse

Préface

« L'aventure prend des fucking de drôles de tournures. Même que, parfois, elle commence où on croit qu'elle finit... » : c'est sur ces mots que Bruno concluait la chronique où il nous expliquait qu'il ne revenait pas au Québec, chronique qui clôt, ô surprise et bonne idée!, le premier tome *La frousse autour du monde*, paru il y a quelques mois.

En avril 2005, quand Bruno m'a annoncé son intention de poursuivre son voyage sans fixer une quelconque date de retour (ce qui signifiait que j'allais continuer à relire ses textes toutes les semaines, yé!), ça ne m'a pas vraiment étonnée. Parce que c'était clair : Bruno était bien, au loin. Et je savais que ce ballon fou qu'il est pouvait compter sur une cordelette pour le retenir au sol. Une seule, mais solide : l'écriture, celle des chroniques de la *Frousse*.

Parce que Bruno aime profondément écrire, comme il aime respirer, faire de la plongée sous-marine ou se fixer des défis niaiseux (le Japon en patins à roues alignées...). « Alors, vas-y, mon Brun Blanc, continue ton voyage, lui ai-je courriellé un peu légèrement, affranchis-toi de nous, de tout. »

Et affranchi, « personne qui mène une vie libre, hors de la morale courante » (dixit le Robert), Bruno l'est devenu. Le résultat a été souvent exaltant. Mais au moins aussi dur.

Parfois même très dur. On ne vous révélera pas les punchs, le livre est là pour ça. Mais disons que j'ai souvenir d'échanges de courriels où j'avais l'impression que la cordelette ne tiendrait pas le coup — Bruno a cessé d'écrire, à un moment donné, puis a décidé qu'il interrompait carrément la chronique, puis décidé en catastrophe de la continuer, puis de l'interrompre, puis... Bref, notre Brown White favori était peut-être affranchi, mais il était aussi profondément épuisé.

C'est l'Éthiopie qui lui a sauvé la vie. L'Éthiopie, et vous, qui le lisiez, lui écriviez, vous inquiétez quand il n'écrivait pas, le relanciez.

Alors, si parfois vous doutez de votre utilité, répétez-vous que vous êtes une ficelle indispensable. Assez longue pour permettre aux ballons fous de se promener là où ils le veulent, et assez forte pour les faire voler quand ils songent à se dégonfler.

Marie-Christine Blais
Journaliste, réviseure de BB et... ficelle

Prologue
et remerciements

OK… voici le prologue et les remerciements, on commence de même !

La jungle du Cambodge à dos d'éléphant, le Japon en patins à roues alignées, le désert de Gobi en camionnette pourrie, et une croisière sur le Yangtze avec un groupe de l'âge d'or : non mais, quelle mouche m'a piqué !?!

Cette deuxième année, fertile en transports de toutes sortes et en péripéties formidables, sera pour vous l'occasion de passer de l'Asie du Sud-Est à l'Afrique, avec un petit détour par l'Inde… Une escale qui m'a un peu dérouté, vous verrez !

Dans ce second tome, moins timide que le premier, le moral en prend un coup, et le beau rêve, devenu réalité, s'avère moins romanesque que prévu… Et à la lecture de ces pages sombres, peuplées de personnages troublants et de situations absurdes, on se demande franchement pourquoi j'ai poursuivi mon chemin !

Mais, preuve que le ridicule ne tue pas, je suis en train de vous écrire, ce soir, 4 ans plus tard, d'une terrasse de ryad, une maison traditionnelle marocaine, à Ouled Driss, petit village aux portes du Sahara.

Le soleil se couche sur les dunes.

Et demain sera le début d'une nouvelle aventure, insha allah.

Bonne lecture et bon voyage,

Indiana Brun
Merci à tous ceux et celles qui ont participé à cette folie. De près ou de loin.

→ LE CONTENU DU SAC

PASSENGER DE IGGY POP   CADRAN - CLOCK
                        CAHIER CHRONIQUES
        → BROSSE A DENTS → DENTIFRICE → ETUI A LUNETTES
        │ COUVRE YEUX → GUIDE VOYAGE AF - CHAUSSETTE AVION
SAC A MAIN : HOUELLEBECQ PLATEFORMES — LIVRE (SUDOKU DÉCALÉ JOURNAL)
        CAMERA - DISQUES PHOTOS - PILULES POUR MALADE
 G FIL   CARDIAQUE
        BOUCHONS POUR LES OREILLES - PILULES DIARRHÉE
        ALLERGIE - MAL DE TÊTE - BOUT DE SAVON.

        PAPIER - CRAYON STYLO - CARNET D'ADRESSE —
SAC ZIPLOCK IMPERMÉABLE A 25¢ DE PHARMACIE - CLOCHETTE
        → COPIE PASSEPORT - BILLET D'AVION - VISAS - CHÈQUE DE
        VOYAGE . → CARNET VACCINATION (HÈVRE JANNE)
        PORTE MONNAIE AVEC CARTE CRÉDIT PHOTO FILS
        ASSURANCE MALADIE
POCHETTE : CARNET DE VACCINATION - PASSEPORT —
        BILLETS D'AVIONS → 3 SACS ZIPLOCKS

SOULIERS : SOUS UNE DOUBLE SEMELLE
        → US MONEY SAC PLASTIQUE
        → PHOTOCOPIES
        → ZIPLOCK
PANTALONS → DEUX PIEDS
        └→ PAPIER DE TOILETTE
        │ GROSSE COUPURES A GAUCHE
        │ PETITE "   "   A DROITE
        └ POCHETTE PLASTIQUE AVEC CARTE DE BANQUE
        ET PERMIS CONDUIRE

CROYANCE
DES TRUCS (TRUC DE LA CHEMISE)
        → DEUX JAMBES (?)
SAC → FILET MOUSTIQUAIRE - SHORT PANTALON - T-SHIRT - MANCHES LONGUES - VESTE ADIDA
        SOUS VÊTEMENT SHORT COUSE - SANDALES - COUVERTURE D'URGENCE - ATLAS H K
        → CHAPELET BOUDDHISTE - COLLIER CROIX ORTHODOXE - BRACELET SUDAF - PINCE
        → BOUSSOLE → CORDE A LINGE ÉLASTIQUE - COPIE ASSURANCES —
        → DERNIÈRE CARTE DÉCÈTE de GRANDMAMAN - PAPIERS JOURNAUX
        DÉCOUPURES → CHAUSSETTES - JUPE BANGLADESH - JUPE CAMBODGE -
        CAMISOLE - TUQUE - CASQUETTE - FOULARD - ROULEAU PAPIER TOILETTE -
        → SACS PLASTIQUES → IMPERMÉABLE PHARMACIE
UR LA TÊTE. DE MOINS EN MOINS DE CHEVEUX.

La file devant le guichet — le concept de « file » en Chine n'existe pas, ils appellent ça le « tas » — va se tasser, croyez-moi. Et elle se tasse. Je suis le plus gros, et je suis en feu. Au guichet, un client proteste. Je lui crie après. En québécois. Même s'il ne comprend pas. D'habitude, ça marche parce que c'est vrai. Je demande à la guichetière un billet pour Guilin. Aujourd'hui. Tout de suite. Dans le Lonely Planet, on dit que c'est à quatre heures de train d'ici et que c'est très joli. La dame me fait des signes. Je veux un billet pour Guilin ! Je lui montre les caractères chinois. Gui-lin. Now ! Elle proteste un peu et me sort un billet. Je paye. Je sors sur la rue. Je regarde le billet. NON ! Le départ est dans trois jours. En plein milieu de la nuit. Le trajet prend... 19 heures ! Et je serai assis sur un banc de bois. Au milieu du tas. C'est ça qu'elle essayait de me dire, la madame. Elle essayait d'être gentille.

Tant pis pour toi, l'impatient qui se pensait plus fin que les autres.

Rebienvenue sur Terre.

Trouve-toi une chambre d'hôtel, astheure.

GAINEY
23
1973 1989

Flashback

(Musique de transition.)

Flashback. Le cœur léger, je débarque à Guiyang, dans le Guangzhou, en pleine Chine communiste. La ville est grise, les habitants sont gris et le temps est gris. J'ai rarement vu un endroit aussi déprimant. J'ai l'impression d'avoir une poubelle sur la tête. D'être dans une huître. Je marche un peu dans la ville pour m'apercevoir qu'en plus elle est hostile, comme ses habitants, et je commence sérieusement à être en ostie. Y a personne qui veut me louer une chambre d'hôtel! Qu'est-ce que je fais ici?

Je m'arrête. Je prends une grande inspiration. Ça sent le poisson. Un homme en habit brun avec les cheveux gras passe devant moi et me crache sur les pieds. Je suis persuadé qu'il l'a fait exprès. Il s'en va comme si de rien n'était. J'ai envie de courir à toute vitesse et de lui donner un bon coup d'épaule à la « Bob Gainey des belles années ». Bang! Dans le milieu du dos. Il tombe en pleine face. Les dents lui éclatent sur le trottoir sale. Dix Chinois avec des bâtons veulent me battre. Non. Ce n'est pas une bonne idée.

Je retourne à la gare.

Poursuite du périple autour de la planète

4 JUIN 2005
— **HONG KONG, CHINE** › 05-0 —

Hey! Mais c'est plein de nouveaux lecteurs et lectrices! Bonjour! Ça va? Je me présente, mon nom est Bruno Blanchet, alias Tite-Dent-El-Mimo-Monsieur-Pas-De-Cou (ouf, y'a de quoi être fier...), et je suis parti depuis un an déjà, 367 jours plus exactement, à la recherche de je-ne-sais-ni-quoi-ni-où. Mes chroniques, qui paraissaient chaque semaine dans le défunt tabloïd LP2 (sniff sniff!), vous seront désormais livrées le samedi dans le cahier *Vacances/Voyage*.

Alors, très chers nounous (vous êtes beaux!), pour vous résumer la première année en douze mots, j'ai tout vendu quand mon fils est parti en appartement, et sac sur le dos, comme un vieil ado, j'ai exploré: doucement les îles Fidji, vite la Nouvelle-Zélande, express l'Australie, *smooth* Singapour, en joggant la Malaisie, trop longtemps la Thaïlande, pas assez le Myanmar, de biais le Laos, et dans-le-tapis la Chine, en envoyant chaque semaine le récit abracadabrant de mon périple à partir d'un café Internet «d'ailleurs» sur la planète. Chaque semaine, donc, j'ouvre les portes de mon mystérieux journal intime et, sans retenue, je me partage, me sème, m'écartèle et je dis tout! Oui madame! C'est du sérieux. Vous verrez que si, parfois, on y rit, parfois, on y pleure aussi.

Et vous verrez que je suis pas mal doué pour écrire des niaiseries.

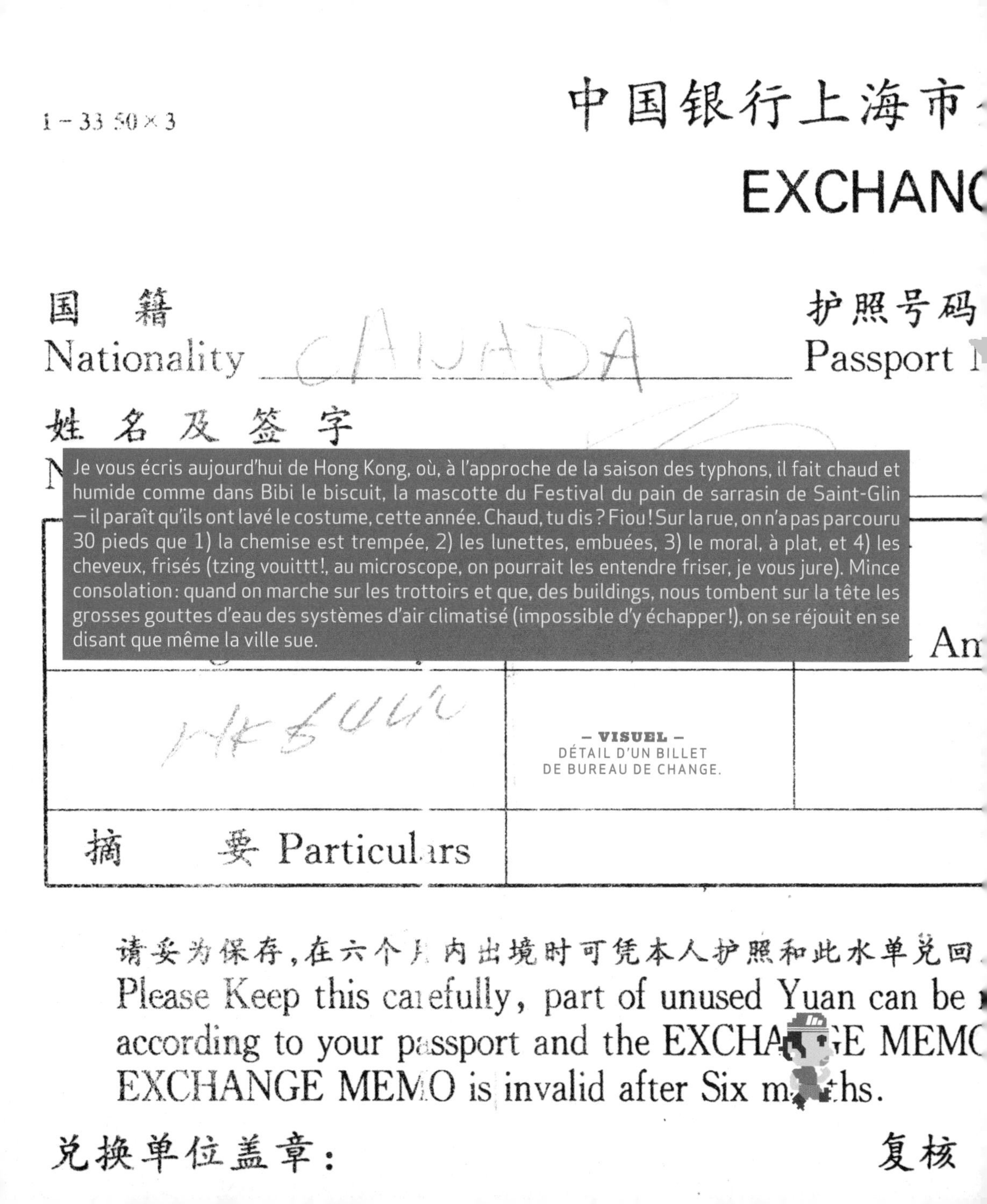

中国银行上海市

EXCHANG

国　籍
Nationality　　　CANADA

护照号码
Passport

姓　名　及　签　字

Je vous écris aujourd'hui de Hong Kong, où, à l'approche de la saison des typhons, il fait chaud et humide comme dans Bibi le biscuit, la mascotte du Festival du pain de sarrasin de Saint-Glin — il paraît qu'ils ont lavé le costume, cette année. Chaud, tu dis ? Fiou ! Sur la rue, on n'a pas parcouru 30 pieds que 1) la chemise est trempée, 2) les lunettes, embuées, 3) le moral, à plat, et 4) les cheveux, frisés (tzing vouittt !, au microscope, on pourrait les entendre friser, je vous jure). Mince consolation : quand on marche sur les trottoirs et que, des buildings, nous tombent sur la tête les grosses gouttes d'eau des systèmes d'air climatisé (impossible d'y échapper !), on se réjouit en se disant que même la ville sue.

Am

— VISUEL —
DÉTAIL D'UN BILLET
DE BUREAU DE CHANGE.

摘　　　要 Particulars

请妥为保存，在六个月内出境时可凭本人护照和此水单兑回
Please Keep this carefully, part of unused Yuan can be
according to your passport and the EXCHANGE MEMO
EXCHANGE MEMO is invalid after Six months.

兑换单位盖章：　　　　　　　　　　　　　　　　复核

Hi hi ! Bien fait pour toi, Hong Kong l'empilée, la trop tassée, Hong Kong l'haïssable, la petite-grosse-qui-pue qui essaie de se faire pardonner en offrant des copies de Rolex, des complets *cheap*, des lots de jeux vidéo (DVD en boni), des massages louches, des musées gratuits, un mini-zoo mimi et quelques pauvres parcs, gênés de respirer, qui gémissent doucement, coincés dans le nœud de béton, entre les crissements de freins, les grincements des trams et les effluves de won-ton.

— PHOTO —
LES MAINS DANS LES MAINS DE JACKIE CHAN,
SUR LE BOULEVARD DES STARS DE HONG KONG.
• BRUNO BLANCHET •

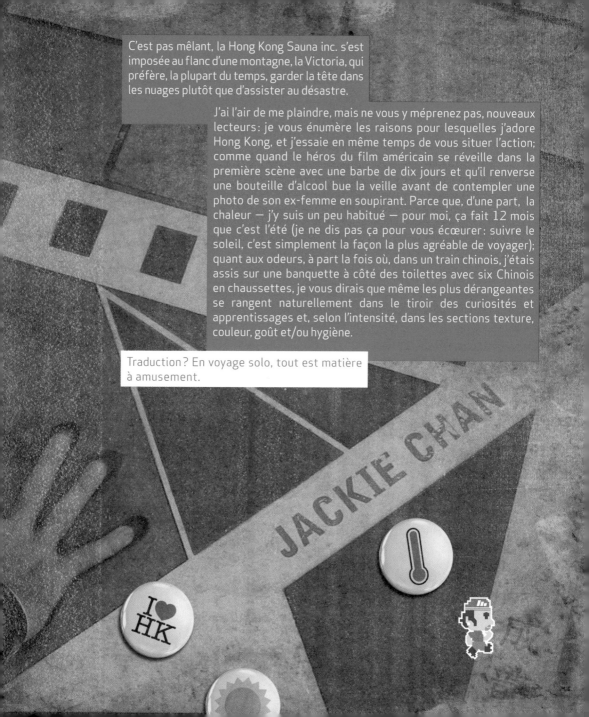

C'est pas mêlant, la Hong Kong Sauna inc. s'est imposée au flanc d'une montagne, la Victoria, qui préfère, la plupart du temps, garder la tête dans les nuages plutôt que d'assister au désastre.

J'ai l'air de me plaindre, mais ne vous y méprenez pas, nouveaux lecteurs : je vous énumère les raisons pour lesquelles j'adore Hong Kong, et j'essaie en même temps de vous situer l'action ; comme quand le héros du film américain se réveille dans la première scène avec une barbe de dix jours et qu'il renverse une bouteille d'alcool bue la veille avant de contempler une photo de son ex-femme en soupirant. Parce que, d'une part, la chaleur — j'y suis un peu habitué — pour moi, ça fait 12 mois que c'est l'été (je ne dis pas ça pour vous écœurer : suivre le soleil, c'est simplement la façon la plus agréable de voyager) ; quant aux odeurs, à part la fois où, dans un train chinois, j'étais assis sur une banquette à côté des toilettes avec six Chinois en chaussettes, je vous dirais que même les plus dérangeantes se rangent naturellement dans le tiroir des curiosités et apprentissages et, selon l'intensité, dans les sections texture, couleur, goût et/ou hygiène.

Traduction ? En voyage solo, tout est matière à amusement.

CHRONIQUE
— 043 —

Hong Kong
suite et fin

Dix heures a.m. Ce matin, je « me suis mis beau ». Dans la mesure du possible. C'est-à-dire avec les guenilles les moins usées que je traîne dans ma besace, et avec la vieille face que j'ai. Pas facile! J'ai rendez-vous avec quelqu'un cet après-midi, ça fait un an que je ne l'ai pas vue, et je veux faire bonne impression.

J'ai peur d'avoir changé. En attendant, les quatre jours à Hong Kong m'auront permis de vadrouiller et je pense avoir quelques bons tuyaux pour vous, mes amis les voyageurs-escargots avec plus de temps que d'argent, compliments du plombier magique.

Parce que la ville de Hong Kong coûte cher — en comparaison au reste de l'Asie du Sud-Est —, on évite souvent de la placer dans notre liste de destinations. Pourtant, il y a moyen de s'en sortir vraiment « pas si mal », sans trop sacrifier sur le confort et les activités, et de découvrir une cité unique (à défaut d'un qualificatif plus *kung-fu*).

Tout d'abord, et c'est un ordre, il faut se louer une chambre à 20 $ (ou un dortoir à 10 $) au Chungking Mansions, rue Nathan, à Kowloon, en plein cœur de l'action. L'enfer! Composé de 5 massifs édifices de 15 étages dans un état douteux *squeezés* entre le Sheraton et le Holiday Inn, le Chungking Mansions abrite des *guest houses*, des restos, des magasins de rien, des *sweat shops* et d'autres z'obscures « business » dont la définition de tâches ne correspond sûrement pas à la raison sociale. Coloré, le lieu? Fiou! Ça brasse! Q.G. des Africains,

des Arabes, des Juifs, des Indiens, des Philippinos et de tous les autres marginalisés de la société asiatique, le midi, on s'y croirait, aux Nations-Unies !

Ou plutôt, à celles qui ne le sont pas…

Ensuite, il s'agit de se lever tôt et de choisir entre une foule d'activités gratuites, ou presque, qui ne demandent qu'une bonne paire de souliers, une mappe et une bouteille d'eau. Je vous en propose quelques-unes, mais croyez-moi, il y en a un char pis une barge.

(Et à partir d'ici, musique d'ambiance chinoise et belle grosse voix d'animateur de Cité Rock Détente.)

Justement, parlant de barge (attention, l'animateur fait un lien), commencer la journée en prenant le traversier *Star Ferry*, à 30 cents *one-way*, qui relie Kowloon à l'île de Hong Kong, est déjà une agréable activité en soi. Humer l'air salin, sentir le vent frais du matin et se satisfaire à la vue de l'essaim de travailleurs hyperstressés qui s'en vont bosser, alors que vous, vous êtes peinard-en-vacances-mollos-c'est-cool, ça fait comme… un petit velours. Ha ha ! (l'animateur fait semblant de rire)

```
LD ADMISSION
(SAFARI)
RAM RIDE
: $25.00
9: 05.12.2004
L: 06.01.2005
: 13:15
: C-00214628
```

Ensuite, sautez sur l'escalier roulant gratuit d'un kilomètre de long — quand on dit prendre une marche! — qui grimpe la colline à travers le joli quartier de SoHo, puis au sommet tournez à gauche et marchez jusqu'au petit parc zoologique gratis qui vaut amplement le détour ne serait-ce que pour aller y admirer les testicules de l'orang-outan, un méchant gros sac qui fait pleurer de rire les petits et les grands. Moi-même, j'en ai jamais vu d'aussi grosses d'aussi près! Ha ha! (il rit pour de vrai). Mais il y a aussi des oiseaux, et des fleurs. Vous faites suivre la visite d'une balade en tramway à 25 cents, puis d'une chouette promenade dans Causeway Bay, un dédale de marchés et de magasins qui offrent de tout, du t-shirt « I'm with stupid » à la Rolls-Royce — d'ailleurs, paraît-il que c'est à Hong Kong qu'on en trouve le plus par habitant —, jusqu'aux chinoiseries plus traditionnelles, comme l'anguille frite et le crapaud séché effouaré vivant, qui fait un excellent frisbee, soit dit en passant. Vous reprenez ensuite le ferry au coucher du soleil — maaaagique — et à 20 h, sur la Promenade des Stars, après avoir posé vos mains dans les empreintes de celles de Jet Li, qui doit vrrrraiment être petit, vous finirez la journée en beauté en assistant au spectacle *Symphonie des lumières*, un mégashow son et laser qui met en vedette les gratte-ciels de Hong Kong, rien de moins, qui s'allument et s'éteignent au rythme de la musique du film « que c'est l'histoire du petit gars que son

```
ODULT
```

C-00214628

00214628

équipe de baseball gagne le championnat et qu'à la fin il retrouve son chien». À vous arracher des larmes de bonheur! Coût de la journée ? 2 $, bouteille d'eau incluse !

Ha ! Voilà donc pour la visite de Hong Kong! 14 h 15. 28°C à l'extérieur. Et parlant de bonheur (oh, un autre lien!), la *date* de Bruno est arrivée! C'est Chantal... sa grande sœur! Et elle sera avec lui pour 72 heures! Wow! Ils se serrent tendrement. Je crois même qu'ils pleurent. C'est tellement touchant! Laissons-les, si vous le voulez bien. Ils en ont sûrement long à se raconter. Ils ont l'air si fragiles... *Si fragile*, de Luc De Larochellière (et la chanson part).

On n'choisit pas toujours la route

Ni même le moment du départ

On n'efface pas toujours le doute,

La vieille peur d'être en retard

Et la vie est si fragile...

ssengers

閘口當于開車前 10 分

ion 45 minutes before dep

e train departs.

次有效。中途下車、未

d train number specified b

will be refunded whatsoev

小孩 10 公斤 (包括免

得超過 160 厘米,超過規定須辦

allowed for each passenger is as

en travelling free of charge). Each

nsion of 160cm, being the sum of len

g such dimension must be consigned.

裏運送規則發售。

ns of Travel on Through Passenger T

CHRONIQUE
– 044 –

Les poissons

Avant de me décider dans ma valse-hésitation entre la Mongolie et le Japon (la lutte est serrée!), comme j'avais une sérieuse envie de bouger (*what's new pussycat?*), je suis parti de Hong Kong (26 heures de train) pour venir à la croisée des chemins, là d'où partent les bateaux nippons et les tchoutchous mongoliens. Mongoliens ou Mongolais? Mongolons? Mongols, de toute façon.

Je suis à Shanghai, en Chine.

En Chine? Difficile à dire, au premier coup d'œil... Délire architectural, mégapole à géométrie variable, Shanghai, c'est 14 millions d'habitants, trois fois la Norvège, empilés de façon moderne sur 150 étages. Shanghai, où la vie de la moitié de ces 14 millions de gens est enserrée dans l'espace le plus densément peuplé de Chine. Shanghai, siège de la Révolution, hier un peu beaucoup étrangère (anglaise, française, japonaise) par affaires, aujourd'hui un peu beaucoup *western* pour les mêmes raisons.

On y mange au McDo, on y *shoppe* L'Oréal, Nike, Kodak, et on se détend à la terrasse du Starbucks ou du Mojo. Sûrement un chapitre qu'il nous reste à lire dans le *Petit Livre rouge*, de Mao.

Entre le boulevard Pepsi et le square Coca-Cola, une rue piétonne, la Nanjing Donglu, s'illumine tous les soirs d'un million de néons en signes de piastre et s'affiche, insolente comme un général paré de médailles.

Shanghai, *you scare me baby.*

Et s'il n'y a pas ici, comme à la maison, de *egg rolls* ni de poulet dans la sauce rouge, il y a néanmoins une incongruité occidentale délicieuse: un officiel... quartier chinois! Une «China City» avec des «chinese shops» sur une «chinese shopping street» qui vendent des «chinese bébelles» officielles. (Soupir) Bah! Faut bien vivre. Et autant profiter de ceux qui le font en magasinant des souvenirs.

Et alors que vous êtes juste sur le bord de perdre patience, fatigué des vendeurs de montres-sacs-souliers-haschisch-prostituées, usé raide par la foule, au détour d'une rue, comme surgi du passé...

(bruit du vent qui siffle)

Le Yu Garden Baazar. Là, *downtown*, au coin des bruyants boulevards baaaa beep beep vroum beeeeep! Ping, et thrash beep beep vroum patatatra crash! Pong, soudainement, le silence.

Un jardin chinois de quelques centaines d'années, tout ce qu'il y a de plus authentique : un habile mariage de pierres, de pavillons, d'arbres, de cours d'eau, de poissons.

Un havre de paix au milieu de la tourmente.

Comme je comprends nada à l'art des jardins chinois, je décide de suivre un groupe dont la guide parle anglais. Le groupe s'est assis au bord d'un joli ruisseau. La guide demande au groupe de se taire un instant et d'écouter. Puis, au bout d'un moment, elle brise doucement le silence (elle le plie un peu avant).

Hmmm... (elle inspire, elle expire). Si le bruit de l'eau d'une chute qui coule à grands flots nous rappelle le son d'une cavalerie au galop, le son de cette petite cascade, ici, ne vous fait-il pas penser à une jeune fille qui change délicatement d'expression, avec une ombre sur son visage et le vent dans ses cheveux ?

Wow! Je vous avoue que le bruit de l'eau m'avait plutôt donné envie de pisser, mais à chacun son niveau de sensibilité. Malgré tout, ce moment de contemplation m'a forcé à réfléchir. Ce matin, quand j'ai quitté l'hôtel et que j'ai failli me faire écraser par un autobus de la ville (des malades!), je voulais tuer. F...k Shanghai, fu...g de place, que je me suis dit, y'a rien à faire ici !

Pourquoi tant de haine?, que je me dis maintenant. Tais-toi Bruno! Observe en silence. L'esprit ouvert. Les yeux ouverts (surtout en traversant la rue). Tais-toi! (OK, OK...) et écoute! Écoute!

On dirait de la harpe...

2500 av. J.C. Deux frères philosophes chinois sont assis au bord de la rivière Jinsha. La rivière regorge de poissons qui sautent, et le soleil resplendit. Fok Dat, qui observe depuis un moment les poissons, dit à Scrou Yhou:

-Regarde les poissons comme ils sont heureux!

Scrou Yhou s'esclaffe.

-Fok Dat! Tu es ridicule! Comment peux-tu savoir qu'un poisson est heureux?

Fok Dat sourit.

-Et toi, Scrou Yhou... Comment peux-tu savoir que je ne sais pas si un poisson est heureux?

-Pfff... Fok Dat!

La semaine prochaine, le sexe en Chine.

– PHOTO –
PEU DE TOURISTES S'AVENTURENT
AUSSI LOIN DANS LE CŒUR DE SHANGHAI.
AU FOND, ON VOIT LE DÉLIRE ARCHITECTURAL...
OU UNE FUSÉE PRÊTE À DÉCOLLER!
• BRUNO BLANCHET •

Changement de cap

25 JUIN 2005
— SHANGHAI, CHINE › 04-P —

Si, la semaine dernière, je vous avais promis « Le sexe en Chine » pour la chronique de cette semaine, c'est que je croyais être inspiré par une exposition (in)justement intitulée *Le sexe en Chine et la santé sexuelle*, qui faisait partie d'un *package deal* de 4 activités présentées à Shanghai (la capitale de la prostitution chinoise), un « paquet » qui s'est révélé, à ma grande surprise (!), un attrape-touriste sans autre intérêt que d'être extrêmement mauvais.

Alors, tant pis pour le sexe, surtout qu'il m'est arrivé quelque chose de bien plus excitant cet après-midi-là... Je vous raconte ?

11 h 30.

La visite des quatre niaiseries terminée, ayant cru à tort que j'en avais pour la journée, je me retrouve à errer, bredouille — et un peu gêné de m'être fait prendre —, dans le nouveau district de Pudong, en face du Bund, de l'autre côté de la rivière ; là où il y a l'Oriental Pearl Tower

CHINA SEX

(incompréhensible édifice digne de *Star Wars*) et autant d'ambiance qu'au Stade olympique, un dimanche matin de février. Je tourne à gauche, à droite, à gauche (ou l'inverse, vous aurez compris qu'il ne s'agit pas là d'une information essentielle), et je tombe sur... l'aquarium! Oui! Vous connaissez mon amour pour les poissons (le poisson qui représente d'ailleurs le sexe féminin dans l'art traditionnel chinois, alors que l'oiseau symbolise le pénis), alors j'y vais, même si ça coûte 20 $ — le prix de trois bons repas en Chine —, sans savoir que cette décision va changer le cours de ma vie.

À l'intérieur, en plus d'une impressionnante collection de poissons du monde entier (dragons de mer, méduses et requins d'enfer), on présente un fascinant volet sur les espèces menacées du Yangtze, ce fleuve sur lequel on érige en ce moment le controversé barrage des Trois-Gorges; lorsqu'il sera terminé, en 2009, il élèvera le niveau de l'eau de 175 mètres sur 150 kilomètres et forcera le déplacement de plus de deux millions de personnes, en plus de détruire des

化和性健康教育展

TURE & SEX HEALTH EXHIBITION

centaines de villages et d'engloutir des siècles d'histoire. La totale. De main d'homme, assurément une des plus grandes catastrophes écologiques du siècle.

Et dans cette section spéciale de l'aquarium donc, parmi la multitude de poissons tristes aux formes et aux noms étranges, il y a un étonnant lézard de six pieds de long, le *Lezardus Chinus*, dont le cri ressemble à des pleurs d'enfant.

C'est là que j'ai craqué. Au diable les plans pour le Japon.

15 h 30.

Je monte dans un train.

18 h, le lendemain.

Je descends du train. Je suis à Ychang, la ville à l'embouchure des Trois-Gorges, en plein centre de la Chine. Loin du Japon et de la Mongolie, vous dites ? Bah... si on peut plus se faire des surprises, à quoi ça sert, hein ?

– VISUEL –
DÉTAIL D'UN BILLET D'ENTRÉE
DE L'AQUARIUM DE SHANGHAI.

9 h, le surlendemain matin.

C'est organisé! Je pars pour trois jours en croisière sur le Yangtze! L'agent de voyages m'amène au quai. Un bateau magnifique, que dis-je, une réplique du *Love Boat* y est amarrée. Son nom, en lettres dorées: *The River Star*. Il brille d'un blanc immaculé, avec tout son *silver shiné*. Du pont, on peut apercevoir des lustres au plafond de la salle à dîner, et on devine qu'il y a un balcon dans toutes les chambres. La classe! Nous montons et nous le traversons jusqu'au... bateau caché derrière: le *Guan Guang 3*. Une espèce de grosse baignoire rouillée vieux vert sapin. C'est celui-là qui est le mien.

À 40 $ pour trois jours, je savais que je ne payais pas pour un «Ritz flottant». Mais je m'attendais à ce qu'il y ait au moins le mot «flottant» dedans. En tout cas, si je suis un peu surpris — et attendez que je vous parle de ma «chambre» la semaine prochaine! —, je ne suis pas le seul. À bord de mon bateau de touristes exclusivement chinois, on accueille cette semaine... un groupe de l'âge d'or! Ils ont tous la même petite casquette blanche sur la tête et suivent la petite guide, avec le drapeau blanc en avant. Parmi eux, j'ai l'air du chanteur de Motörhead. Une arrière-arrière-grand-mère me regarde en riant. Elle porte un t-shirt rose avec, écrit dessus en lettres attachées, un gros «Do me baby».

Hi hi! Larguez les amarres!

Je sens qu'on va bien s'amuser.

— PHOTO —
L'ORIENTAL PEARL TOWER, INCOMPRÉHENSIBLE
ÉDIFICE DIGNE DE STAR WARS, DOMINE SHANGHAI.
• BRUNO BLANCHET •

Et vogue
le navire !

2 JUILLET 2005
— YCHANG, CHINE › 03-N —

Sur le *Guan Guang 3*, la cabine 2009 (ma mienne) a la dimension (en hauteur, en longueur et en largeur) de six lits de camp superposés. Et des lits superposés, il y en a déjà quatre dedans.

Petite au cube ? Soyons optimiste : elle est au tiers vide.

Ce qui laisserait donc, et en principe, assez d'espace pour respirer, assez d'espace pour s'étirer et assez d'espace au yogi entraîné pour exécuter la «pince» ou au *fitness freak* pour faire ses redressements assis. À condition que ces individus osent s'étendre sur l'ex-tapis brun (ou le tapis ex-brun ?) qui «squouishe» et croustille sous les semelles et qui, si on effectuait la datation au carbone 14 des champignons orange qui poussent dans ses quatre coins, pourrait se révéler un original « pas lavé » de la dynastie Qi Pu... Un véritable trésor de putréfaction (ici, des scientifiques essaieraient sûrement de vous convaincre, preuves à l'appui, que le mélange du orange et du brun est généralement associé à la dynastie Ski-Doo; mais ne nous étendons pas sur le sujet si vous le voulez bien, et effectuons nos redressements assis debout)!

faire pivoter la baguette
N° 2 sur la N° 1 (cette

Placer la seconde baguette
comme pour l'utilisation

mettre une baguette dans
la commissure du pouce

3

2

1

J'aurai eu beau faire tous les efforts d'intégration possibles depuis que je suis en Chine (je mange des dumplings avec des baguettes, je ne porte pas de boucles d'oreille, je souris hi hi hi, et j'évite de m'habiller en femme), je sais que je ne pourrai jamais entièrement les satisfaire. Je ne serai jamais un vieux Chinois.

À part ça, *the usual*. Un bol de toilettes qui n'a plus de siège, l'air climatisé qui fait plein-plein-plein-d'bruit puis plus rien, des matelas en bois (qu'ils appellent *hard sleepers* dans le jargon de voyage chinois, une traduction de «dur de dormir»), une télé qui n'a pas de réception — c'est la fête! — et, pour compléter le cauchemar, dans le corridor, trois vieux monsieurs chinois qui argumentent avec la responsable de l'étage sur le fait qu'ils n'ont pas payé 240 yuans «chinois» chacun pour partager pendant trois jours une chambre avec un «étrange». Avec... moi.

— PHOTO —
À BORD DU *GUAN GUANG 3*,
CE VIEUX CHINOIS EST MON FAVORI.
LE GUIDE SE TIENT À SES CÔTÉS.
• BRUNO BLANCHET •

1

Au fond, je peux les comprendre de ne pas vouloir de moi dans un espace aussi exigu: je ne veux pas nécessairement d'eux non plus.

Une heure plus tard, on me transfère poliment à la cabine d'en face. Que j'occuperai seul.

Voilà pour l'accueil.

Fmouuuuu! Fmouuuu! Le *Guan Guang 3* quitte le port et s'engage dans l'écluse. Je sors sur le pont. Vingt paires d'yeux ronds bridés se braquent sur moi (pour vous donner une idée, imaginez la tête que ferait un groupe de l'âge d'or de Terrebonne si, dans l'autobus pour Sainte-Anne de Beaupré, apparaissait soudainement un Jamaïcain rasta avec un T-shirt de Bob Marley...). Je souris (hi hi hi) et j'essaie de dissimuler mon propre malaise. Je sors ma caméra et je joue le rôle du touriste dynamique. La lala lala ! (Si on traduisait en mots mes gestes et mon langage corporel, on pourrait m'entendre dire «Wow, quel beau pays!» ou encore «N'ayez crainte, je suis inoffensif!»)

Au bout d'un moment, un brave, sûrement mandaté par le groupe, s'avance vers moi et me demande quelque chose (?). Je ne comprends pas — évidemment! — mais je me dis que c'est peut-être LA question que tout le monde se pose d'entrée de jeu.

«Jianada, que je lui réponds, je viens du Canada.»

«Ah Jianada!», qu'il gueule en ajoutant «*ming ming tchik a tchik a bang bang*» en direction de sa gang.

Aussitôt, pour éviter la confusion, je lui dis en chinois que je ne parle pas le chinois (ce qui est une jolie contradiction en soi, mais ça fonctionne).

3   4   5   6   7   8

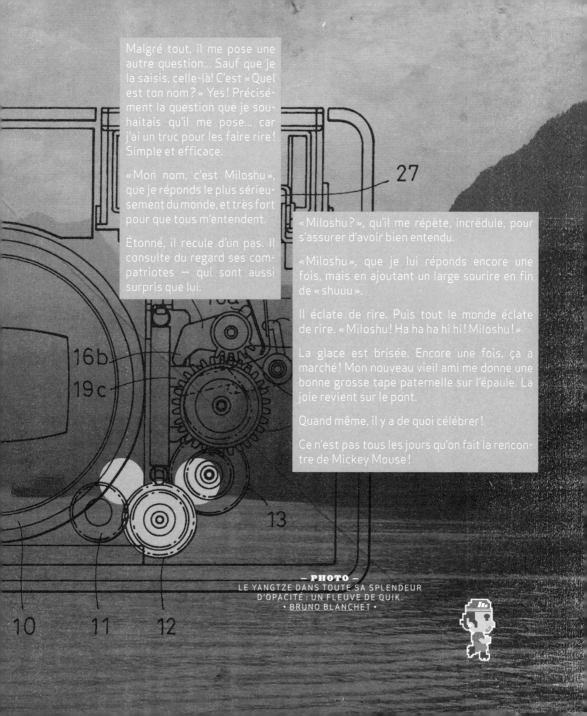

Malgré tout, il me pose une autre question... Sauf que je la saisis, celle-là! C'est «Quel est ton nom?» Yes! Précisément la question que je souhaitais qu'il me pose... car j'ai un truc pour les faire rire! Simple et efficace.

«Mon nom, c'est Miloshu», que je réponds le plus sérieusement du monde, et très fort pour que tous m'entendent.

Étonné, il recule d'un pas. Il consulte du regard ses compatriotes — qui sont aussi surpris que lui.

«Miloshu?», qu'il me répète, incrédule, pour s'assurer d'avoir bien entendu.

«Miloshu», que je lui réponds encore une fois, mais en ajoutant un large sourire en fin de «shuuu».

Il éclate de rire. Puis tout le monde éclate de rire. «Miloshu! Ha ha ha hi hi! Miloshu!»

La glace est brisée. Encore une fois, ça a marché! Mon nouveau vieil ami me donne une bonne grosse tape paternelle sur l'épaule. La joie revient sur le pont.

Quand même, il y a de quoi célébrer!

Ce n'est pas tous les jours qu'on fait la rencontre de Mickey Mouse!

– PHOTO –
LE YANGTZE DANS TOUTE SA SPLENDEUR
D'OPACITÉ: UN FLEUVE DE QUIK.
• BRUNO BLANCHET •

Les monstres du Yangtze

9 JUILLET 2005
— SANDOUPING, CHINE › 03-N —

Dès le départ de la croisière sur le Yangtze, nous faisons face au premier monstre : le fleuve lui-même. Le Yangtze — 6 300 km, le troisième plus long fleuve du monde — qui, entre les villes d'Ychang et de Chongqing, est un immense cours d'eau trouble d'un brun dense et inquiétant, *busy* comme la 40 à l'heure de pointe — l'heure de pointe, une présentation de Pizza Hut ! —, et qui donne l'impression insolite d'être à bord d'un bateau jouet qui flotte sur du Quik : autrement dit, visibilité zéro, comme dans la barre de chocolat.

C'est pas ici que je verrai des poissons...

On y navigue à l'aveuglette, comme une carpe myope dans la bouette, et on y pêche au filet en rejetant les motons. Les oiseaux qui y plongeaient jadis le prennent maintenant pour un fossé de quartier industriel vu du ciel, et lui préfèrent désormais les poubelles.

C'est pas ici que je mangerai du poisson.

Le deuxième monstre ne sera guère plus rassurant : le barrage des Trois-Gorges, une gigastructure de béton qu'on nous fait visiter comme s'il s'agissait d'une des sept merveilles du monde. Mais c'est peine perdue. Le BTG, ce chef-d'œuvre d'ingénierie, ne sera jamais qu'un gros bouchon. (À ce sujet, je dois vous avouer que je trouve difficile de dissocier les constructions de l'homme de leur fonction. Et je ne suis pas le seul ! Une Est-Allemande de 37 ans, Corina, à qui je demandais pourquoi elle n'avait pas visité la Grande Muraille de Chine lorsqu'elle était à Pékin, m'a servi cette délicieuse réponse : «*Simply because I don't like walls...*»)

D'accord, le barrage servira à alimenter en énergie cette énorme consommatrice qu'est la Chine et réglera pour toujours les problèmes d'inondation de ses rives en amont. Mais justifie-t-il, pour l'humanité, la disparition de centaines de villages et de sites historiques et, pour les habitants, la destruction de leurs maisons ?

Je pose la question.

175 m

— PHOTO —

LA VILLE RECONSTITUÉE POUR LES RÉFUGIÉS DU YANGTZE
A ÉTÉ CONSTRUITE À LA HÂTE SUR LA MONTAGNE. CETTE CITÉ SANS ÂME
EST COMPOSÉE D'ÉDIFICES CARRÉS RECOUVERTS DE TUILES BLANCHES.
• BRUNO BLANCHET •

150 m

Ce qui nous amène au troisième monstre : la ville reconstituée pour les réfugiés du Yangtze. Bâtie à la hâte 175 mètres plus haut, sur la montagne, cette cité sans âme constituée d'édifices carrés recouverts de tuiles blanches a été reproduite *ad nauseam* tout le long du fleuve pour recevoir les «déplacés»; comme des copier-coller en 3D, elles sont toutes pareilles, et toutes aussi jolies et accueillantes qu'une salle de bains d'hôpital de Rosemont. Faut voir leurs rues stériles, hantées par des résidants qui semblent la refuser, en silence, en vivant sur le trottoir. Déprimant.

125 m

Heureusement, il y a le quatrième monstre, un fêtard, celui-là, un bon vivant, et le seul qui ajoute un peu beaucoup de bonheur à l'expédition. Et j'ai nommé : mon groupe de l'âge d'or ! Des vrais adolescents ! Ça se couche tard, ça joue aux cartes, ça rit, ça rote, ça pète, on se croirait dans un party de cégep ! En plus, de l'étrange que j'étais, je suis devenu la mascotte, l'arbitre officiel de leurs *drinking games* et le gamin que l'on prend par la main — littéralement ! — pour être bien certain qu'il ne perde pas son chemin pendant les sorties de groupe. C'est génial...

En conclusion, bien que mon constat de la croisière ait l'air négatif, je tiens à préciser qu'elle renferme aussi de bons moments qui valent à eux seuls le déplacement, que ce soit la traversée des magnifiques Trois-Gorges ou celle des spectaculaires « Petites » Trois-Gorges. Une chose m'étonne malgré tout chaque fois : pourquoi est-ce que le plus précieux souvenir que l'on garde des plus grands dépaysements, des plus belles aventures ou des plus imposants monuments demeure toujours celui des gens ?

Il ne reste que 4 ans avant le déluge. Il n'est donc pas trop tard pour être le témoin, presque « en direct », d'un chapitre de l'histoire de la civilisation. Et Chen Fong, de Wuchang, se fera un plaisir de vous faire visiter pour la dernière fois sa maison.

CHRONIQUE
— 048 —

Cher Mao

Mao, Mao, Mao. Comment te dire... (Tu permets qu'on se tutoie?) Je suis écœuré. Fatigué. À boutte, comme on dit chez nous. C'est pas de ta faute! Non, et c'est sûrement de la mienne. Si j'avais fermé mon sac, je ne me serais pas fait voler mon appareil photo sur la place Tiananmen. Mais ça, c'est un détail. La véritable raison pour laquelle je t'écris, c'est que mon séjour de trois mois chez vous m'a épuisé. Physiquement. Mentalement. Moralement.

Après avoir parcouru de long en large pendant 12 semaines ton beau grand pays qu'on croirait sur une autre planète, comment se fait-il qu'il y ait tellement de choses que je ne saisisse toujours pas? Suis-je un extraterrestre? Aurais-je dû consacrer plus de temps à l'étude du mandarin? Toujours est-il que souvent — et je regrette de te le dire — j'ai eu la désagréable impression qu'on ne souhaitait pas que je comprenne. Qu'on aurait préféré que je ne sois pas là. Ou que je sois chinois? Puis quelqu'un m'ouvrait sa porte. Au début, j'entrais. À la fin, je n'y croyais plus. Ni au geste ni à la porte ni à rien.

Ça n'a pas toujours été ainsi, crois-moi! J'ai même eu un sérieux coup de foudre pour ta patrie, au point de me chercher un poste d'enseignant au Sichuan. Et j'ai ri! Ha ha! Hi hi! J'ai ri à l'aube, à la vue des gens qui promènent leur chien en marchant à reculons (est-ce un truc pour troubler les pigeons ou pour amuser les Pékinois?). J'ai ri de voir tes groupes de madames endimanchées, sur la grande place, faire de l'aérobie maladroite avec des drapeaux rouges sur de la techno poche. J'ai ri chaque

fois que j'ai croisé quelqu'un en pyjama deux pièces en flanelle le samedi soir sur un grand boulevard (faudrait leur dire que c'est pour dormir…). J'ai aussi rigolé quand j'ai vu que tu diffusais chaque jour, sur CCTV, la glorieuse émission de télé *V.I.P.* Aurais-tu un faible pour Pamela? Une blague! Cela dit, ta télé n'est pas mal du tout. Des films, de la variété, du *reality show*, du sport, tout y est! Et ça a l'air de drôlement fonctionner, parce que ta population la regarde tout le temps. Partout. Ils sont scotchés à l'écran. Le célèbre «Du pain et des jeux» n'est pas tombé dans l'oreille d'un sourd… Si je peux me permettre une petite critique, dans l'autobus, volume dans le tapis, je trouve ça un peu rushant.

De quoi je me plains, alors?

Je suis débarqué parfaitement heureux d'un bateau, il y a près de deux semaines. À Chongqing. Puis j'ai marché pendant une heure au gros soleil avec mon sac trop lourd (ça, c'est ma faute) parce que les chauffeurs de taxi du port ne connaissaient pas (?) l'hôtel où je voulais descendre. *Come on!* Il y a quatre rues à Chongqing! À pied, et de mauvaise humeur, j'ai fini par trouver l'hôtel. Pourquoi il fait ça, ton monde, Mao? (Et pourquoi il se fouille dans le nez en public et pourquoi les femmes crachent et pourquoi n'y a t-il pas de mot chinois pour «lesbienne»?)

J'en ai une liste longue comme ta fameuse «Marche» de ces étranges refus, de ces singuliers *nenni*, de ces inexplicables «non merci». Et le dernier m'a scié. Je venais de faire 38 heures de train pour aller visiter (et entendre) «le sable qui chante» de la Mongolie intérieure (à ne pas confondre avec le pays du même nom) et, sur place, on m'a dit que je devais être «vingt» pour pouvoir visiter l'endroit. *Pardon?* J'avais envie de… AAAAAH! Bof. À bien y penser, vain je suis, peut-être bien. Mais toi, Mao, tu es… loin. Ailleurs. Et tu sais quoi? J'ai le feeling que tu vas le rester longtemps. Je pars demain pour la Mongolie. La vraie. Pour y fêter le Naadam[2]. J'ai besoin d'un peu de folie. En principe, je devais revenir chez toi pour emprunter la route de la soie jusqu'au Pakistan. Ça ne sera pas le cas. Je vais passer par la Russie plutôt. Prends-le pas personnel. Merci pour le thé. *Xiexie ni.* Ciao, Mao.

P.-S.: Si tu pognes le gars qui a volé mon appareil photo, peux-tu juste lui demander de ne pas mettre les photos de ma zoune sur le Net? Merci.

[2] Le Naadam est un grand festival à l'occasion de la fête nationale de l'indépendance de la Mongolie.

Trans Mongolien Express
(à lire sur un air de Kraftwerk)

23 JUILLET 2005
— ULAAN BAATAR, MONGOLIE › 01-N —

Tchouk. Tchik a Tchouk. Tchik a Tchouk. Tchik a Tchouk (même si certains entendraient plutôt « tchikish, tchikish » ou « clouk ticlouk »), il s'agit ici du bruit du train sur les rails perçu de l'intérieur du train par celui qui tient le crayon.

Il est 6 h. Le soleil se lève sur le désert de Gobi. Une grosse boule orange qui s'étire paresseusement sur un lit de sable et de cailloux. À bord du K33 en direction de Ulaan Baatar, les Mongols dorment à poings fermés. Seuls aux fenêtres du wagon numéro 8, un Américain, une Allemande, deux Hollandais, un Français, un Roumain et un Québécois attendent, appareil photo à la main, qu'il se passe quelque chose.

Tchik a Tchouk. Tchik a Tchouk. Tchik a Tchouk. Tchik a... rien. Trans Mongolien Express. Que du sable et des cailloux. Et il n'y a que le temps qui passe, comme si le paysage entier coulait dans un sablier. La Boule jaunit en éveillant le décor. C'est dommage. Ce serait joli, la vie en orange. Plus loin, on voit bien que la Terre est ronde. L'horizon. Précisément ce qui manque à la Chine, que je me dis. Précisément ce qui me manquait depuis longtemps.

6 h 30. Tchik a Tchouk. Tchik a Tchouk. Tchik a Tchouk. Du sable et des cailloux. « Un arbre ! » crie le Français. Je clique. Je le rate. Merde ! Meilleure chance la prochaine fois ? Je l'espère ! À la vue de cette étendue désertique rugueuse et inhospitalière, l'idée que j'aie manqué le seul arbre du pays me traverse l'esprit. Vous comprendriez si vous étiez ici : c'est un drôle d'endroit que la Mongolie... Rude et surprenant !

Hier, lorsque nous attendions le train du soir dans la ville frontière de Zanmud Machin Truc Yark Schnoutte (le mongol est une langue gutturale, glauque, brusque, qui ressemble étrangement à un disque qu'on ferait virer à l'envers; il paraît d'ailleurs que si l'on faisait tourner un Mongol sur lui-même dans le sens contraire des aiguilles d'une montre, on pourrait entendre des messages subliminaux sataniques comme sur *Stairway to Heaven* de Led Zeppelin, du type: « *I sing cause I live for Satan...* » Ce qui ne m'étonnerait pas du tout! Donc, hier, j'ai été victime d'une agression aussi violente qu'inexplicable. Je cherchais un hôtel où prendre une douche avant le départ moyennant quelques tougrouttes (900 TG pour 1 dollar) et, dans un établissement propre et rassurant comme une ruelle de favéla, un gros Mongol, manifestement saoul comme une botte, s'est planté devant moi au pied de l'escalier (je dis gros, car ils sont effectivement très gros, les Mongols... et je vous en reparle).

Le monstre m'a pris par le cou (tiens, il est bien affectueux, que je me suis imaginé en ayant une pensée pour mes amis gais) et, après ses deux ou trois petites tapes un peu trop fortes à mon goût, il a essayé de m'éclater la tête contre le mur. Comme ça. Bang.

« MONGOUL! MONGOUL! » qu'il hurlait, le méchant Mongol, en tentant de me frapper le crâne contre le ciment. Hey! Les nerfs, le malade!, que j'ai crié. Puis, habilement, j'ai réussi à me défaire de son emprise et à lui échapper (grâce à ma super agilité de mime de réputation internationale). Cinq minutes plus tard, il venait me rejoindre sur la grande place (où il y a du billard en plein air) pour m'offrir une bière.

— VISUEL —
À DROITE, BILLET DE TRAIN DU K33 EN DIRECTION DE ULAAN BAATAR.

Tchouk. Tchik a Tchouk. Tchik a Tchouk.

Je lui ai dit : « *Go away you crazy bastard!* » Je tenais ma baguette de billard serrée et j'étais prêt à lui en crisser un coup avant de rentrer la 14 au *side*. Désolé, les bonnes âmes, mais... Plus de pardon. Plus de patience. En voyage, on a beau découvrir le monde, s'ouvrir aux autres cultures, etc., le fait est que, *peace and love* mon cul, les mèches rapetissent à mesure que les voyages s'allongent. Voilà.

Tchouk. Tchik a Tchouk. Tchik a Tchouk.

C'est la fête nationale en Mongolie ce week-end et il paraît que ça va brasser... Pourquoi est-ce que je ne suis pas étonné?

Tchik a Tchouk. Tchik.

Le train entre en gare. Bienvenue à Ulaan Baatar : une ville réputée l'une des plus violentes et des plus laides au monde. Attachez votre sac à dos avec de la broche, on descend.

Sur le quai de la gare, une jolie jeune femme nous accueille avec le sourire.

– « Vous cherchez un bon endroit où dormir? Venez chez moi! »

Nous y allons avec un peu d'appréhension. Dans le taxi, nous sommes tendus. On va se faire voler! C'est un leurre!

Non. C'est chez elle. Et c'est bon!

Ce qu'on a l'air con.

Rock'n'roll

30 JUILLET 2005
— ULAAN BAATAR, MONGOLIE › 01-N —

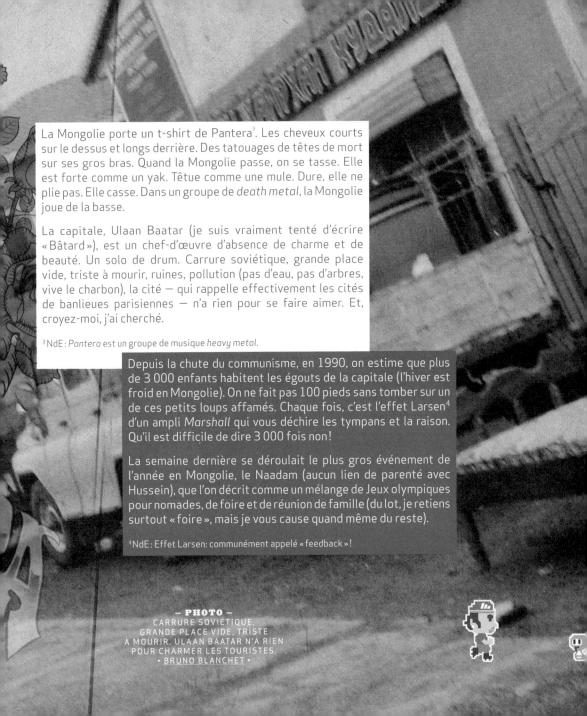

La Mongolie porte un t-shirt de Pantera[3]. Les cheveux courts sur le dessus et longs derrière. Des tatouages de têtes de mort sur ses gros bras. Quand la Mongolie passe, on se tasse. Elle est forte comme un yak. Têtue comme une mule. Dure, elle ne plie pas. Elle casse. Dans un groupe de *death metal*, la Mongolie joue de la basse.

La capitale, Ulaan Baatar (je suis vraiment tenté d'écrire «Bâtard»), est un chef-d'œuvre d'absence de charme et de beauté. Un solo de drum. Carrure soviétique, grande place vide, triste à mourir, ruines, pollution (pas d'eau, pas d'arbres, vive le charbon), la cité — qui rappelle effectivement les cités de banlieues parisiennes — n'a rien pour se faire aimer. Et, croyez-moi, j'ai cherché.

[3] NdE : *Pantera* est un groupe de musique *heavy metal*.

Depuis la chute du communisme, en 1990, on estime que plus de 3 000 enfants habitent les égouts de la capitale (l'hiver est froid en Mongolie). On ne fait pas 100 pieds sans tomber sur un de ces petits loups affamés. Chaque fois, c'est l'effet Larsen[4] d'un ampli *Marshall* qui vous déchire les tympans et la raison. Qu'il est difficile de dire 3 000 fois non!

La semaine dernière se déroulait le plus gros événement de l'année en Mongolie, le Naadam (aucun lien de parenté avec Hussein), que l'on décrit comme un mélange de Jeux olympiques pour nomades, de foire et de réunion de famille (du lot, je retiens surtout «foire», mais je vous cause quand même du reste).

[4] NdE : Effet Larsen: communément appelé «feedback»!

– PHOTO –
CARRURE SOVIÉTIQUE,
GRANDE PLACE VIDE, TRISTE
À MOURIR, ULAAN BAATAR N'A RIEN
POUR CHARMER LES TOURISTES.
• BRUNO BLANCHET •

Pendant trois jours, trois compétitions sont à l'affiche au stade et dans les environs : la lutte, le tir à l'arc et la course de chevaux. La lutte ressemble beaucoup au sumo, sauf qu'au lieu d'une couche, les lutteurs portent un *Speedo*. Le principe est plutôt simple : 500 participants se battent pendant deux jours et, à la fin, il ne reste que celui qui n'a pas perdu ; les combats sont limités à 45 minutes (l'an passé, la finale avait duré quatre heures et demie) et il n'y a pas de catégorie de poids. Donc, au début, les plus gros (des ogres !) font mal aux plus petits, et hop ! on expédie ; puis, à mesure que la compétition progresse, se multiplient les combats spectaculaires, les chocs de titans, les accidents d'autobus, les crashs de Mongols fiers, les face-à-face de rhinocéros, de béliers, de Tyrannosaurus Rex ; et, finalement, une finale grandiose, entre deux belligérants dont la grosseur du squelette dans 200 ans troublerait n'importe quel archéologue — à ce sujet, saviez-vous que beaucoup de dinosaures ont été découverts dans le sud de la Mongolie ? Hum... J'ai soudainement une théorie ! — Le gagnant fait alors une petite danse autour du podium en agitant les bras comme un aigle, puis il se cogne la tête contre un poteau. Qui a gagné cette année ? C'est un gros.

Le tir à l'arc consiste à tirer des flèches avec un arc (ça aussi, c'est ben faite) sur une cible posée au sol loin loin loin. Des juges se tiennent debout autour (il y en a qui reçoivent des flèches et ça fait rire la foule) pour faire des « sparages » avec les bras à chaque coup réussi. Ou raté. J'ai pas trop bien compris. Mais les costumes étaient jolis.

La course de chevaux a fait l'objet, comme la lutte, d'un réajustement important : depuis l'an dernier, à la suite d'un incident malheureux où un petit garçon de 3 ans est décédé, il est désormais interdit aux cavaliers de moins de 4 ans d'y participer. Oui, 4 ans !

À l'arrivée de la gagnante (une cavalière de 7 ans), il fallait voir la foule hystérique se précipiter, comme des espèces d'assoiffés, pour boire la sueur de son cheval. Paraît que ça porte bonheur. Le propriétaire du cheval tentait vainement de les repousser. Les gens se marchaient dessus pour essayer de toucher l'animal qui ruait : ça criait, ça braillait, c'était le bordel.

Ils sont fous, ces Mongols.

L'immensité

6 AOÛT 2005
— ULAAN BAATAR, MONGOLIE › 01-N —

C'est en sortant de la ville d'Ulaan Baatar pour aller dans le désert de Gobi que j'ai peut-être compris pourquoi les Mongols sont aussi gros. *Veni vidi*, j'ai réfléchi, et j'aimerais émettre une théorie sur l'amplitude du Mongol moyen. « Ça y est ! Il en fait une obsession ! », que vous vous dites peut-être, et vous auriez raison : je viens de passer six mois dans des pays d'Asie où j'étais le plus grand — donc étonnement de ma part—, et les Mongols me font peur, voilà, si vous voulez vraiment tout savoir. Comme ils ont dû faire peur aux Russes, à toute l'Europe à une certaine époque (la Mongolie fut le plus grand empire de l'histoire, sous Gengis Khan) et, surtout, aux Chinois (la Grande Muraille de Chine, c'était pour eux). Que voulez-vous, ces gens-là forcent un respect instinctif, une crainte toute naturelle et, face à eux, vous savez immédiatement quelle place vous occupez dans la chaîne alimentaire : vous êtes Bambi au bord de la falaise. Ou devant un ogre ?

— PHOTO —
DEUX MONGOLS
PRENANT UNE PAUSE.
• BRUNO BLANCHET •

MI
MONGOLI

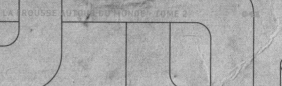

Occuper l'espace

Pour en revenir à notre mastodonte sujet, laissez-moi vous exposer ma logique : les Mongols vivent à deux millions sur un territoire immense (oui, Toto, c'est le pays le moins densément peuplé de la Terre, bravo !). Or donc, et en ce sens, fiers guerriers qu'ils étaient, conquérants et tout, on peut penser qu'ils ont dans leurs gènes cette propension à vouloir occuper l'espace ; sinon, bien, ils seraient malheureux et là, eh, ils pourraient faire des choses malheureuses, comme, eh, se taper dessus, bouder, ou même pleurer ! Et un Mongol ne pleure pas, c'est bien connu. Il fait pleurer.

Qu'est-ce qu'on mange ?

(Silence dans la salle !) Bon. D'accord. On peut aussi regarder du côté de leur alimentation. « Qu'est-ce qu'on mange, Maman Dion ? » est une phrase qui n'a pas d'équivalent en Mongol. La question ne se pose même pas. Parce qu'on mange de la viande. Au petit-déjeuner, au dîner, pour souper, et le soir devant la télé. De la viande. De la viande. De la viande. Toute la journée, on mange de la viande. De la viande. De la viande. De la viande… Oui, la Mongolie est une destination rêvée pour les végétariens à la diète ! Et si quelqu'un me met sous le nez un autre jarret de chèvre bouilli, je lui vomis dessus.

Yak et marmotte

Mais y a pas que de la chèvre, *of course* (vous devriez voir les troupeaux de chevaux et de chameaux courir en liberté, c'est de toute beauté… j'y reviendrai). Or, avant de bouffer leurs animaux, les Mongols, par nécessité, leur ont trouvé des utilités singulières, assurément insoupçonnées par les espèces elles-mêmes. Du yak, on tire le beurre (une pâte jaune éponge épaisse comme une baleine : attention cholestérol !) ; du chameau, le fromage (dur comme de la roche, mais délicieux avec du sel et de l'eau) ; de la jument, *l'arraq* (un lait caillé alcoolisé dont les Mongols se servent aussi pour décaper les antiquités) ; de la vache, la vodka (un jus blanc fade concocté à partir du liquide qui flotte sur le yogourt) ; et de la marmotte, justement, le yogourt (du mou jaune surette).

Oui, du yaourt de marmotte ! Je les imagine avec leurs gros doigts et leurs grosses faces de terreur en train de traire les pauvres petites bêtes. Squouik squouik… crounch.

« Shit ! Je viens encore d'effouarer ma marmotte ! »

Évidemment, je déconne, mais ils en mangent de la marmotte, et c'est surprenant comme c'est bon, surtout juste avant qu'on vous apprenne que c'est ça, le morceau de caoutchouc que vous avez dans la bouche. Quoi ? 635 mots ! Non. Déjà ? Avec tout ça, je ne vous aurai même pas parlé de l'aventure du désert, des trois bris mécaniques de notre camion russe, du tour à dos de chameau, du manque d'eau, des disputes dans notre groupe de touristes (l'Australienne se croit dans *Survivor* !), d'Ayuna la jolie guide (qui couche avec le chauffeur, on pense) et des paysages… Bon Dieu, les paysages ! Ben, ce sera pour la semaine prochaine.

L'immensité (suite)

Désert de Gobi. Midi. Mardi. Le soleil plombe. Cogne sur les pierres. Les transforme en sable. Puis s'évertue à exterminer ce qu'il reste de vivant. Sombre dessein pour une lumière.

Depuis plus de trois heures, notre camion roule droit devant, en direction de l'infini, là où les deux pistes sur lesquelles nous b-b-bondissons semblent se toucher. Pas l'ombre d'une ombre à l'horizon. À l'intérieur, sous la tôle du plafond (où l'on pourrait faire cuire un bœuf), il fait chaud comme dans une espadrille de marathon, odeur comprise. Si le camion était une bouilloire, il sifflerait! À condition qu'il y ait de l'eau dedans, bien entendu. Ce qu'il n'y a pas.

Le dernier point d'eau était derrière, au village de Nulpar que le guide inexpérimenté et le conducteur à moitié endormi n'ont pas su trouver. « C'est pas grave, qu'ils nous ont dit, en avant, plus loin, il y a un puits. » Le problème, c'est que dans le désert, les notions de devant-derrière, de droite-gauche, de loin-près et de « Moi, je pense qu'on devrait aller par là, Roger » s'estompent et laissent place à un grand vide de sens, du type « Veux-tu ben me dire qu'est-ce qu'on fait ici ? ». Surtout à midi, quand même la notion de haut et de bas fait cruellement défaut. Nous ne sommes plus sous le soleil, nous sommes sur un rond de poêle, à *boil*.

J'avais toujours imaginé une mort plus douce, genre dans mon sommeil à 75 ans ou en jouant au Toc à Shawinigan. Alors que j'allais me faire à l'idée de crever de soif est apparu, soudainement, à plusieurs centaines de mètres, sur notre droite, un camion. Wow! D'où il sort celui-là ?

Étrange... Identique au nôtre, il roule parallèlement à nous, dans la même direction, à la même vitesse, et tout! Comme dans un miroir! Est-ce un mirage? Je me tourne vers le groupe. Personne n'a réagi à la vue du sauveur éventuel. Les autres voyageurs (une Australienne en talons hauts, un couple de Français ultrarigolos et une Allemande réac-anarcho-écolo) sont renfrognés, dorment ou broient du noir. Pourtant, hier, au parc national de Uoliiam, l'ambiance était sérieusement à la fête...

Hier, en plein milieu du désert, nous nous sommes baignés dans une rivière de glace (oui, il y a de la glace dans le Gobi!), entre deux collines où végétait gaiement la végétation et s'amusaient de drôles de petits écureuils pas de queue. Une oasis formidable.

Bien sûr, c'était avant la tempête de sable du soir pendant laquelle se sont envolés vivres et compagnie. Pour ma part, j'avais la «tourista mongole» (désolé de partager ça avec vous au petit-déjeuner) et les inquiétudes du groupe, je n'en avais rien à cirer. J'avais juste envie de... vous savez quoi. Mais comment on fait ça, pendant une tempête de sable, quand les toilettes n'existent pas? Prenez des notes, futurs aventuriers: on fait ça nu (pour éviter les vêtements pleins de sable dans la tente) avec un masque de plongée et un tuba. Face au vent, évidemment. Comme vous le feriez, face au courant, sous l'eau.

(Maintenant, je vous prierais de ne pas essayer d'imaginer la scène et de vous concentrer sur la fin de l'histoire, merci.)

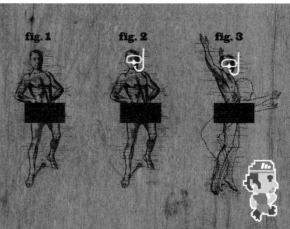

fig. 1   fig. 2   fig. 3

Or, cinq minutes plus tard, le camion évoqué plus haut nous suit toujours. Même rythme que nous. Même couleur que nous. Est-ce possible ? Est-ce que ce serait... nous ? C'est troublant. Full *X-files* ! J'avise la guide. Elle me fait un air mongol impossible à traduire. Benoît, le Français, remarque aussi le véhicule. Je lui demande de me prêter ses jumelles. « Qu'est-ce que tu veux faire de mes couilles ? », qu'il me répond. « Tes binoculaires d'abord, maudit Français ! » Il se marre.

Je ne déconne pas. Je veux en avoir le cœur net. J'ai entendu trop d'histoires fantastiques concernant les déserts. Et les théories d'univers parallèles... Est-ce que, dans le désert, on peut se dédoubler ? Est-ce que, là-bas, je suis grand et fort ? Est-ce que, là-bas, je suis heureux ? Est-ce que je suis papa ? Est-ce que je m'y ennuie aussi de mon fiston ? Est-ce que je dors ? Ou est-ce que je m'apprête, comme ici, à me regarder me regarder ? Et si j'étais vraiment ici et là-bas à la fois, est-ce que ça me coûterait deux fois plus cher sur ma Visa ?

Le Français ne trouve pas ses jumelles. Merde ! Le camion disparaît. Je ne saurai jamais.

C'étaient 10 minutes dans le désert de Gobi. Le voyage a duré 12 jours. Vous comprendrez que je ne peux vous en parler pendant des mois, même si c'est pas l'envie qui manque... Ha ! Maintenant, il faut bouger ! La semaine prochaine, science-fiction !

On part pour le Japon. Pon pon.

— PHOTO —
EN PLEIN DÉSERT DE GOBI,
À CHEVAL... SUR UN CHAMEAU.
• BRUNO BLANCHET •

CHRONIQUE
– 053 –

Konichiwa!
(Bonjour du Japon!)

20 AOÛT 2005
– TOKYO, JAPON › 03-S –

– VISUEL –
REÇU DE TAXI.

« Comment
ça, t'es pas en Russie? » m'a
écrit Robert C., avant-hier.

«Menteur!» Oups. Je pense que je vous dois des explica-
tions. De Ulaan Baatar, comme je l'avais annoncé brièvement
dans ma chronique «Cher Mao», je devais prendre le transsibérien
jusqu'à Moscou; puis, de Moscou, monter vers Saint-Pétersbourg pour
traverser en Estonie et, de là, descendre jusqu'en Turquie. Ça faisait des
semaines que je consultais mon atlas *Collins* et ma décision était prise (l'atlas,
un achat anodin à Hong Kong qui s'avère être un outil extraordinaire! On y passe
des heures avec les autres voyageurs à faire et refaire le tour du monde...). Pourtant,
je suis à Tokyo. Pourquoi, le clown?

Ça s'est passé un lundi matin mongol, sur un coup de tête, entre 9 h et quart et 9 h et demie,
quand j'ai appris qu'obtenir un visa russe rapidement était une tâche digne des *12 travaux*
d'Astérix. En plus d'être passablement coûteux, ça prend une lettre d'invitation officielle,
des permis spéciaux pour rester plus de trois jours dans une ville et le fameux formulaire B-38.
Oui, madame! Le B-38. Et pas la copie rose. Non, non! La copie bleue. Escalier C, bureau 32.

Ce matin-là, j'étais fatigué, et m'attaquer à la bureaucratie russe m'apparaissait lourd comme
un camion de garnottes plein de bouette. Puis, la femme au comptoir était aussi accueillante
qu'une porte de prison. Aussi frette que la Sibérie. Je suis sorti sans dire merci. Deux minutes
plus tard, à l'agence de voyages, en face de l'ambassade, on me proposait — avec le sourire!
— un billet d'avion pour Tokyo, le surlendemain, sans aucun souci bureaucratique et pour
à peu près le même prix. Tout à coup, je ne pouvais m'imaginer plus grand choc culturel
et destination plus absurde après la Mongolie.

Et c'est réussi. Pour un choc, c'est tout un choc.

Ça coûte cher! C'est aberrant. Juste pour me loger, pour 80 dollars,
j'obtiens l'équivalent de ce que je payais 8 dollars en Mongolie.
Ah! On m'avait bien averti... Mais j'y croyais plus ou moins.
Ça va bientôt faire 15 mois que je me débrouille
avec moins que rien, pour répondre à la
question de monsieur Dumas

de Montréal, qui me demandait dans un courriel, cette semaine, si j'étais millionnaire. Non, Monsieur! Je m'en tire avec 15 à 20 dollars par jour. Je mange des nouilles en masse, je magasine au marché public, je porte toujours le même linge, je couche au dortoir et, le soir, je ne sors pas dans les bars. Enfin, pas trop tard. Ça a l'air plate, dit de même (et c'est plate en maudit des fois, maintenant que j'y pense!), mais ça devient vite un mode de vie sain, et simple: réussir à mettre un holà à la consommation, ça vous éloigne des bébelles et vous rapproche des individus, du moins dans les pays que j'ai visités jusqu'à présent où les habitants font beaucoup avec peu d'argent. Au Japon? Y a rien en bas de 10 piasses. Petit-déjeuner? Dix piasses. Lunch? Dix piasses. Internet? Dix piasses. Et ça consomme, ouf, c'est difficile de ne pas se faire happer par le tourbillon... Deux Québécois rencontrés à Hong Kong et qui travaillent pour Air Canada (salut, les gars!) m'avaient dit qu'à Tokyo il fallait être bien habillé. Ha ha! Ça m'avait fait rire. Je comprends un peu mieux maintenant: amanché en vieux *backpacker* un peu crado, je me demande sérieusement comment je vais faire pour rencontrer du monde, au centre commercial...

En plus, ici, tout est tellement facile que c'en est décourageant. On est loin du Gobi! T'as soif? Il y a des machines distributrices partout. Même de bière! Tu veux changer de ville? Les trains sont nombreux, et à l'heure. Que dis-je, ils sont à la seconde près! Plus ponctuel qu'un train japonais, c'est une montre suisse! Vous êtes perdus? Les gens, polis à l'extrême, sont toujours prêts à vous aider et se confondent ensuite en courbettes et en «s'il-vous-plaît-merci-beaucoup» au point que ça en devient embarrassant. C'est pas mêlant, même les automobilistes sont d'une courtoisie gênante. Vous traversez la rue, ils s'arrêtent. Je n'avais jamais vu ça.

Le Japon vient de changer radicalement la donne. Je n'ai pas les moyens d'être ici. Mais comme j'ai la tête dure et que je me suis mis dedans que j'allais découvrir ce pays fascinant coûte que coûte, j'ai élaboré un plan.

Je me suis d'abord acheté une carte. Puis un guide de voyage sur le Japon. Je me suis arrêté pendant deux jours pour étudier la géographie du pays et me documenter sur la faisabilité de mon idée un peu cinglée. Comme rien ne m'indiquait qu'elle était impossible (bien que personne ne semble l'avoir essayée aupara-vant), je suis passé à l'action. J'ai renvoyé à la maison tout ce qui était trop lourd à porter sur mon dos. Je n'ai gardé que l'essentiel, pour partir le plus léger possible vers Kagoshima, la dernière ville sur la pointe Sud, à quelque 1 500 kilomètres de Tokyo, en passant par Nagoya, Osaka, Hiroshima et Nagasaki (pour terminer le périple, si je me rends jusqu'au bout, je me ferai un cadeau pour récompenser le bel effort accompli: je prendrai un bateau pour l'île d'Okinawa, où on fait de la plongée avec des requins marteaux... comme dans *James Bond*!)

Ah oui! Je devrais peut-être vous dire que je pars en patins à roues alignées... Yeah! Alors, la semaine prochaine, je vous écrirai de je ne sais où, ni dans quel état. Priez pour mes vieux genoux!

En terminant, je voudrais m'adresser à Nicole, qui est sûrement en train de se dire que je suis fou de m'embarquer dans une aventure pareille. Je voudrais seulement lui rappeler que je dois bien tenir de quelqu'un, n'est-ce pas? Hi hi! Bonne fête, Maman!

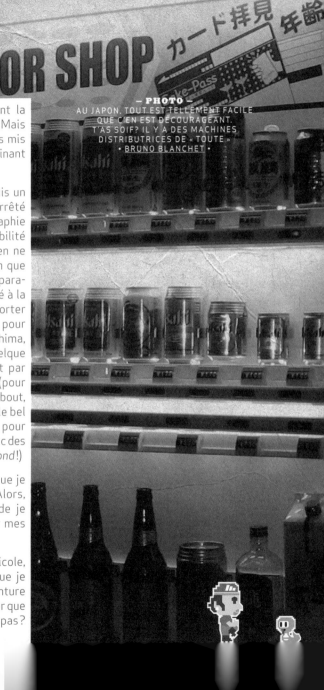

— PHOTO —
AU JAPON, TOUT EST TELLEMENT FACILE QUE C'EN EST DÉCOURAGEANT. T'AS SOIF? IL Y A DES MACHINES DISTRIBUTRICES DE « TOUTE »
• BRUNO BLANCHET •

Le Japon à roues alignées...

27 AOÛT 2005
— ATAMI, JAPON › 03-S —

Matin du départ. J'accroche mes patins à mon sac pour aller prendre le Shinkansen, un train ultra-rapide, de Tokyo à Atami, petit village à une centaine de kilomètres au sud-ouest de la capitale. C'est de cet endroit que j'ai décidé d'amorcer mon «patinothon» (envoyez vos dons!) en faisant d'abord le tour de la péninsule de Izu, une pointe formée par l'éruption du mont Fuji, donc montagneuse à souhait. Mais je suis crinqué ben raide, et ça ne me fait pas peur! Puis, je me dis que chaque montée est forcément récompensée par une descente. Et j'aime bien le mot « péninsule ».

Péninsu-u-u-ule. Péninsu-u-u-ule de Iz-u-u-u-u. Hi hi! Quand je l'ai vue sur la mappe, il ne m'en fallait pas plus. Voilà un exemple parfait de ma technique de voyage: c'est carrément instinctif, diront certains; c'est complètement idiot, penseront d'autres. Je confirme: c'est vraiment n'importe quoi!

Première observation nippone: le Shinkansen est rien de moins que formidable. Super-confortable, beau à mort (profilé comme une fusée, reluisant comme un sou neuf, avec les mots « Ambitious Japan! » peints en bleu de chaque côté), il traverse la banlieue de Tokyo en moins de deux (un et trois quarts...), à 300 km/h, en faisant moins de bruit qu'une voiturette de golf conduite par un dentiste sourd à la retraite. À l'intérieur, quand tu regardes défiler le paysage, t'as l'impression d'être à bord d'une balle de fusil dans un gros plan de film de Tarantino. Cool.

Arrivé à Atami, plus excité qu'un gamin qui vient de descendre du Monstre, à la Ronde, j'enfile les patins, je me mets le sac sur le dos et... c'est parti! Euh, c'est parti où? Le premier quidam à qui je demande de m'indiquer la route qui longe l'océan me toise avec un mélange d'amusement et d'incrédulité, comme si je venais de débarquer du *USS Enterprise* avec des oreilles pointues et un nez en forme de trompette.
Beam me up, Scotty!

« Vous voulez quoi? Patiner jusqu'à Kagoshima? Mon cher ami, prenez le train », qu'il me fait en pointant la gare derrière moi...

Hmmm. Première leçon d'orientation: pendant 1 500 kilomètres, je descendrai la côte Pacifique du Japon. Chaque fois que je serai perdu, je devrai simplement me diriger vers le sud, où est la mer, puis m'assurer que l'océan est sur ma gauche. *That's it*. Bravo, Bruno! Je pars trouver moi-même la route.

Calvaire. J'avais imaginé le Japon comme un pays tellement hospitalier que jamais je ne l'aurais cru capable d'une telle... hostilité. Ça a commencé par une descente du mont Royal, dans un village pas de trottoir, avec des rues aussi étroites que les voitures, pour aussitôt enchaîner avec la grimpe du mont Saint-Sauveur sur de l'asphalte de 1962. Au bout de deux heures, j'avais bu mes deux litres d'eau et épuisé mon jus de mollet.

Première remise en question : pourquoi est-ce que je fais ça ? La réponse est facile. Je ne le sais pas. Pourquoi est-ce que je continuerais, alors ? Parce que personne ne l'a fait avant moi. Voilà une raison suffisante ! Et laissez-moi vous dire que ça en vaut la peine. La côte de la péninsu-u-ule de Izu, composée de montagnes à la végétation dense qui déboulent dans l'océan, puis se retirent doucement pour laisser la place à de splendides plages de sable blanc, est magnifique. Première surprise : est-ce vraiment le Japon ? On se croirait en Oregon !

À l'hôtel où je descends, le soir, je suis accueilli par une geisha charmante, qui m'indique aussitôt le bain thermal (ça doit être l'odeur que je dégage) et me conduit à ma chambre (coquette) où elle me sert un thé glacé délicieux et une pâtisserie exquise. Avant de sortir de la chambre, elle m'offre un kimono, puis se met à genoux sur le sol et s'incline respectueusement en me remerciant d'avoir choisi son modeste établissement. « *Arrigato gosaimasu Bruno san.* » Je suis séduit. J'oublie toutes les douleurs de cette première journée et j'ai envie de m'étendre un instant pour savourer la victoire.

C'est à ce moment que je réalise que, dans la chambre, il n'y a pas de...lit. Pardon ?

J'enfile le kimono et je cours au hall de l'hôtel.

Première leçon vestimentaire : un kimono, on le vêt avec le pan gauche par-dessus le pan droit. Sinon, selon la tradition, ça veut dire qu'on est mort. Ce que je suis un peu, au fond, j'essaie d'expliquer. La geisha rit timidement (les geishas n'ont pas l'habitude de se taper sur les cuisses). Et elle sort le lit de mon placard. Ah ! Il était caché, le coquin ! Deuxième leçon nippone : le lit japonais, c'est un futon qu'on pose sur le sol, avec un oreiller qui ressemble à un sac de riz. Après vérification, il s'agit effectivement d'un sac de riz.

Mais ça me va. Je dormirais sur un lit de clous avec un sac de pinottes ce soir. J'ai une vue extraordinaire sur le Pacifique. La télé avec le câble. Il fait beau et chaud. Et pour les cinq prochaines semaines, je ferai les trois choses qui me font le plus triper au monde : patiner, voyager et vous écrire. Merci, la vie !

Mille et une japonaiseries

3 SEPTEMBRE 2005
— SHIMOGAMO, JAPON › 03-S —

Le Japon ne cesse de me surprendre. Vous aussi, à ce qu'il paraît! Comme l'écrit le docteur Félix Léveillée, de Saint-Ubalde, c'est « un pays que j'imaginais entièrement recouvert d'autoroutes superposées, avec des millions de petits papas nippons (pe-tit pa-pa nip-pon, quand tu descendras du ciel…) qui vont au travail dans des mini-voitures électriques, pendant que les mamans nippones promènent le chien-robot de la famille virtuelle dans un hologramme-parc. »

(Je suis le premier étonné de me lire écrire des trucs pareils. Je croyais qu'à 40 ans on n'avait plus de fantasmes, rien que des cauchemars.)

Pas pantoute, doc! Et joyeux 25ᵉ anniversaire! Il y a des vrais arbres, du vrai vent, des vraies vagues et des… surfeuses! Et vous savez quoi, mon cher? Si la tendance se maintient, *La frousse autour du monde* affirme, aujourd'hui 3 septembre 2005 à 8 h 15, qu'il n'y a pas plus craquant qu'une surfeuse japonaise. Au monde! (Oui, la boxeuse thaïlandaise vient de glisser à la deuxième place). Dieu, si tu existes, me réincarnerais-tu en planche de surf rose et jaune, polie au cirage à la fraise? Et/ou en maillot moulant 5 mm? Et/et/ou/ou en vague du Pacifique, juste le temps de porter une mignonne Yoko ou une sulfureuse Kiki à bout de bras et de la déposer sur le sable?

Lectures recommandées au Japon: *The Rough Guide to Japan* et *Notes of a Dirty Old Man*, de Bukowsky.

収入
印紙

ホテルフジ栄

ランふじの花

3丁

57

À Shimogamo, quand on arrive à l'auberge de Madame Yamamoto, elle nous fait d'abord visiter les lieux : il faut enlever ses souliers (dans mon cas, des patins) et enfiler les « sandales pour se rendre à la chambre », puis enlever les « sandales pour se rendre à la chambre » avant d'entrer dans la chambre, pour ensuite enfiler les « tatanes pour marcher sur le tatami »; enlever les tatanes, puis mettre les « sandales pour aller à la chambre » pour aller à la salle de bains; puis les enlever avant d'entrer et mettre les « pantoufles à toilettes »; entrer, dire: « Ah oui, je vois » ou n'importe quoi, enlever les « pantoufles à toilettes » avant de sortir et remettre les « sandales pour retourner à la chambre », puis les enlever pour remettre les « tatanes à tatami ».

Tadam! Je suis resté deux jours chez Madame Yamamoto. Je commençais à être un peu moins mêlé à la fin. Sauf que, quand je suis parti, j'ai oublié mes gougounes dans l'entrée, crétin! Faque, Madame Yamamoto... Là, Yama mes gougounes itou.

Sophie, une fidèle lectrice, se demandait comment les Japonais faisaient pour s'assurer que ce ne soient pas des jeunes de moins de 18 ans qui achètent de la bière dans les machines distributrices. Très simple, Sophie: les fameuses machines à bière sont équipées d'un logiciel de reconnaissance de la voix. Et j'ai fait un test pour vous, chère Sophie. J'ai mis les sous dedans, j'ai sélectionné la grande canette de Asahi et, lorsque la machine m'a demandé mon âge, j'ai pris une toute petite voix et j'ai dit: « Moi j'ai huit ans, madame! » Ben, devinez quoi ? La machine a refusé de me servir et m'a rendu ma monnaie! Avouez que c'est brillant...

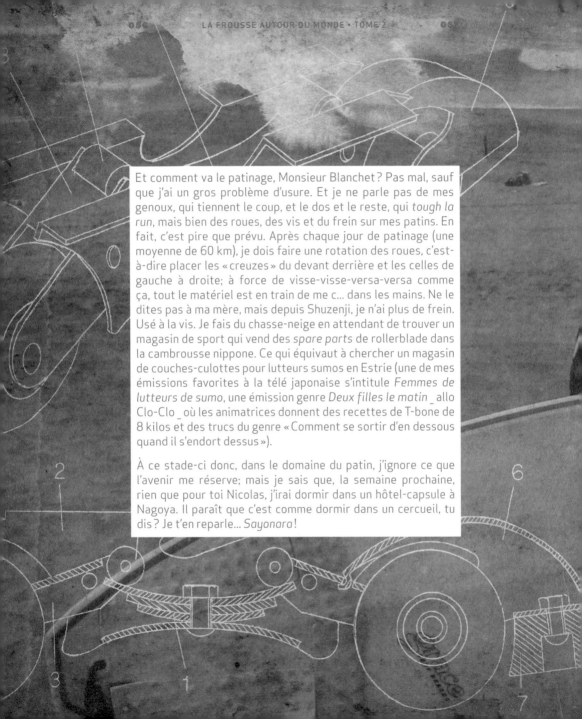

Et comment va le patinage, Monsieur Blanchet ? Pas mal, sauf que j'ai un gros problème d'usure. Et je ne parle pas de mes genoux, qui tiennent le coup, et le dos et le reste, qui *tough la run*, mais bien des roues, des vis et du frein sur mes patins. En fait, c'est pire que prévu. Après chaque jour de patinage (une moyenne de 60 km), je dois faire une rotation des roues, c'est-à-dire placer les « creuzes » du devant derrière et les celles de gauche à droite; à force de visse-visse-versa-versa comme ça, tout le matériel est en train de me c... dans les mains. Ne le dites pas à ma mère, mais depuis Shuzenji, je n'ai plus de frein. Usé à la vis. Je fais du chasse-neige en attendant de trouver un magasin de sport qui vend des *spare parts* de rollerblade dans la cambrousse nippone. Ce qui équivaut à chercher un magasin de couches-culottes pour lutteurs sumos en Estrie (une de mes émissions favorites à la télé japonaise s'intitule *Femmes de lutteurs de sumo*, une émission genre *Deux filles le matin _ allo Clo-Clo _* où les animatrices donnent des recettes de T-bone de 8 kilos et des trucs du genre « Comment se sortir d'en dessous quand il s'endort dessus »).

À ce stade-ci donc, dans le domaine du patin, j'ignore ce que l'avenir me réserve; mais je sais que, la semaine prochaine, rien que pour toi Nicolas, j'irai dormir dans un hôtel-capsule à Nagoya. Il paraît que c'est comme dormir dans un cercueil, tu dis ? Je t'en reparle... *Sayonara !*

KIKI

— PHOTO —
IL N'Y A RIEN DE PLUS CRAQUANT
QU'UNE MIGNONNE SURFEUSE... NIPPONE !
• BRUNO BLANCHET •

CHRONIQUE
— 056 —

Les clichés du Japon, en version originale

10 SEPTEMBRE 2005
— NAGOYA, JAPON › 03-S —

Enfin, le Japon que je cherchais! Un immense complexe super hi-tech avec des murs de lits superposés, encastrés comme des tiroirs de morgue, et plein de touti-monsieurs japonais en kimono jetable de papier. D'une propreté épeurante salle de chirurgie, il y a, au Fuji Hotel, en plus des lits, des télés partout et des ordinateurs, des piscines à bouillons, des bains d'eau bouillante, des bassins d'eau froide, des saunas mouillés, des saunas secs, des saunas « frettes » et les toilettes… Wow!

À Nagoya, une grosse ville laide avec quatre jours de banlieue, il n'y a pas de magasin à patins à roues alignées. Je commence à penser que je vais être pogné pour faire le reste du trajet en *nunchakus*[5]. Entoucas. Aujourd'hui, ce n'est pas important. Parce que je couche au Fuji Sauna And Capsule Hotel.

[5]NdE: Le *nunchaku* est une arme japonaise utilisée dans certains arts martiaux. Il est constitué de deux bâtons reliés par une chaîne. On le retrouve dans les films de kung-fu, par exemple…

Faut que je vous décrive: d'abord, lorsque tu t'assois, y'a de la petite musique qui se met à jouer (pour couvrir le bruit, je suppose), puis l'intensité de la lumière baisse doucement et, là, tu découvres le panneau de bord… *Man*, c'est la navette spatiale! Y'a tellement de fonctions et de pitons que tu te demandes ce que font les Japonais sur le bol. Jouent-ils au Nintendo avec leurs fesses?

Anyway, le siège est chauffant, inclinable, autonettoyant, et il fait de «zéro à 100 km/h» en 9 secondes. Vrrroum! Mais le plus agréable, c'est quand tu pèses sur le bouton «shower»… Un petit bras sort d'en dessous et vient dire bonjour à ton péteux avec un jet d'eau chaude. Bzzzz… Pschiiit! À l'eau! Tu fais un saut le premier coup, et puis tu t'aperçois qu'il y a un dimmer pour régler la pression. Youpi! Pschit Pschiiit pschit pschiiiiiit! Pschiiiiiiiiit! Pschit! Des heures de plaisir. Et si tu poses juste le pied sur le siège pour faire croire à la toilette qu'il y a encore quelqu'un d'assis dessus et que tu actives la petite douche, ça fait une jolie fontaine dans laquelle tu peux te laver les cheveux ou te brosser les dents.

Et dormir dans une capsule? À moins d'être claustrophobe, c'est assez agréable. Je m'attendais au feeling «je suis dans un cercueil», comme me l'avait décrit Nicolas, mais j'ai été surpris de me sentir plutôt comme dans une tente que l'on se fabrique, à 5 ans, dans le salon, avec toutes les couvertures de la maison. Comme dans un cocon. Confortable. Rassuré. L'imagination se met en marche, et rapidement, j'étais dans une fusée… La capsule devenait spatiale. J'avais l'impression que j'allais décoller. J'étais dans *Space Oddity*, de Bowie.

«*Ground control to Major Tom… Commencing countdown, engines on…*» Je me glisse sous les couvertures. J'ai un petit frisson. Les deux heures dans le bain tourbillon et le massage de pieds m'ont brisé. Je fonds dans le futon. «*Check ignition and may God's love be with you… 5, 4, 3…*» Je pars. Immédiatement, je survole le Japon et paf! J'atterris en Mongolie.

Souvent, j'y retourne ces jours-ci, comme si le cordon n'avait pas été coupé et que je cherchais à résoudre quelque chose, à défaire un nœud; mais ce qui se bouscule dans ma tête chaque fois a étrangement l'air de provenir de l'album photos de quelqu'un d'autre. Je revois les dunes de Duut Mankhan. Mais je suis incapable de me souvenir du sable. (De quoi j'ai peur ?)

« Now it's time to leave your capsule if you dare… »

Je revois Arvaikheer, une ville située quelque part au milieu du siècle dernier, avec son marché boueux et ses habitants qui dorment dans des *containers*. Je revois l'homme tuer le mouton. Je revois un petit garçon me tirer sur le pantalon. Son visage barbouillé. Ses grands yeux tristes. Il m'a fendu le cœur. Il portait deux souliers gauches.

« There's something wrong… Can you hear me, Major Tom ? Can you hear me, Major Tom ? »

Je revois la fillette du désert et sa petite sœur, la morve au nez, la couche usée à la fesse. Je leur ai donné à chacune un biscuit. On a joué à se lancer un ballon. Le père est sorti de la yourte. Il était saoul. La petite riait trop fort. Le père gueulait. Il voulait de la vodka. Le ballon était mou. Fallait partir. En cachette, j'ai laissé le sac de biscuits par terre, à côté du pneu. On s'est envoyé la main. Le camion est parti. J'ai mis mes lunettes fumées. J'ai essayé de pas brailler.

« Planet Earth is blue… and there's nothing I can do. »

[6] Les extraits en italique sont tirés de la chanson Space Oddity (1969), de David Bowie.

CHRONIQUE
— 057 —

Le zen dans l'art du patin à roulettes

17 SEPTEMBRE 2005
— ENTRE NAGOYA ET TOKYO,
JAPON › 03-S —

Pour s'approprier les mots de Herrigel[7], établir un parallèle entre le patinage à roues alignées et le zen (quelque image que l'on s'en fasse) doit paraître de prime abord une intolérable dépréciation de ce dernier. Dût-on même admettre, dans le plus large esprit de compréhension,

que l'on qualifie d'artistique la pratique du patinage, on se résoudra difficilement à chercher en cet art autre chose qu'une performance à caractère nettement sportif.

[7] NdE: Eugen Herrigel, philosophe allemand ayant enseigné au Japon. Il est l'auteur de Zen in the Art of Archery (1954) ou, en français, Le Zen dans l'art chevaleresque du tir à l'arc, un traité devenu célèbre sur l'art de trouver de la spiritualité dans n'importe quelle activité d'apparence anodine.

Mais force sera de constater que la pratique du patinage à roulettes « sur longue distance » ne se limite pas à placer un pied devant l'autre et pousser, placer un pied devant l'autre et pousser, *ad vitam æternam*. Car, bien que ce geste soit l'essence du mouvement vers l'avant, il prendra des formes différentes selon la nature du pavé, l'inclinaison du terrain et l'espace alloué au patineur par la circulation automobile. Autrement dit, c'est pas de la tarte, mon Yvon.

JOUONS ENSEMBLE

1.

Repérez le pointillé

2.

Pliez la page
pour continuer
la lecture

3.
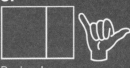
Rock on!

Pour la fluidité du déplacement, le coup de patin doit en permanence épouser les reliefs du sol, *of course*, et ce, de deux façons : instinctivement d'abord, en abandonnant tout son corps aux vibrations des roues sous les pieds; puis visuellement, par anticipation (pente à l'horizon, cailloux, sable, changement de couleur d'asphalte qui annonce un nouveau type de pavé...), afin de ne pas piquer une fouille. Parce que ça fait mal et que ça sert à rien. Il pourra s'agir alors de sauter, de relever un patin et de faire glisser l'autre sur la ligne blanche, de zigzaguer, de freiner en troublé, de prier fort fort pour que le camion ne va pas ralentir ou de se jeter dans le fossé.

Et comme le patineur de longue distance doit parcourir de nombreux kilomètres chaque jour, c'est sans réfléchir qu'il saura reconnaître les différentes options que la route lui offre, pour être en mesure de s'ajuster constamment — et de manière instantanée — aux changements. Comme un aigle qui se laisserait porter par le vent, le patineur devra absolument se servir de la vitesse du déplacement pour économiser l'effort et focuser sur l'importance de conserver toutes ses énergies.

Ainsi, lorsqu'un conducteur sera tellement étonné de voir un rollerblader sur la montagne à sept heures et demie un dimanche matin qu'il aura pour réflexe de le klaxonner comme un cave alors qu'il y a assez d'espace pour deux *Hummer* et une *Mini Austin*, le patineur zen ne perdra pas son momentum en se retournant pour faire un doigt d'honneur, et ne gaspillera pas ses forces à crier « Passe à côté le gros ! ».

RÉALISEZ ce patin à roues alignées en origami

1 Marquez un pli et dépliez

2 Pliez

3 Pliez les deux coins vers le bas

4 Marquez un pli qui amène le sommet de la pointe sur le bord inférieur et dépliez

Évidemment, la même chose vaut pour la relation du patineur avec le vendeur du magasin de sport. Quand le patineur zen, désespéré parce que ses roues de patins sont finies ben raides, se présentera au magasin d'articles de sport (Sport Dépôt) — le seul magasin de la région, gros comme le centre commercial Versailles, espoir! —, et que le vendeur lui expliquera qu'il ne peut pas lui vendre des roues de patins, car il faut les commander d'avance, le patineur, demeuré calme, suggérera alors au vendeur d'en commander et de lui donner les roues d'une des 100 paires de patins qui sont là, en vente, et de replacer les roues commandées sur lesdits patins en vente quand elles seront livrées (simple, non?). Alors que le vendeur lui répondra que «ce n'est pas possible, non pas possible, impossible, impossible, danger, danger, docteur Smith» et que le gérant du Sport Dépôt lui confirmera l'absurde, alors, à ce moment-là, même si le patineur a l'impression d'avoir demandé à des robots d'avoir une initiative, même s'il a envie de leur botter le derrière et de leur dire des mots comme «réveillez-vous!», «liberté!» et «individualité!», le patineur zen saura sagement reconnaître que c'est de sa faute et qu'il a fait une erreur monumentale en ne prenant pas la peine d'apporter avec lui le nécessaire pour entreprendre une telle expédition dans un pays comme le Japon. Il saura admettre la défaite et se satisfaire d'avoir rarement connu un sentiment de liberté aussi grand.

Voilà. J'ai perdu. Au bout de 700 kilomètres. Ça m'aurait pris 5 paires de patins. Ou un commanditaire (je traverserai peut-être les États-Unis sur le chemin du retour, si jamais ça intéresse un fournisseur de patins). En attendant, il nous reste encore plein de belles choses à découvrir au Japon : les Dancing Elvis, les mangas érotiques, les *Water Boys*, le baseball, le butô, Tokyo, les quartiers roses, etc.

La prochaine fois, je serai mieux préparé.

  Oreille de lapin

5   Répétez l'étape 4 à droite

6   Faites un pli en oreille de lapin, le petit pli montagne se forme de lui-même

7   Rabattez la petite pointe vers la gauche

8   Pliez et retournez votre œuvre

   tadam!

9   Pliez pour amener les bords au centre

10 Pliez le modèle en deux en insérant les coins dans les pochettes

11 Réalisez un pli inversé intérieur. Retournez le pliage. Ajoutez des ronds en papiers ou des petits pois

Les clowns

24 SEPTEMBRE 2005
— TOKYO, JAPON › 03-S —

Chaque dimanche, au parc Harajuku de Tokyo, y'a du monde! Un monde fou, et l'expression ici s'applique : nulle part ailleurs vous ne verrez les Japonais aussi extravertis.

D'habitude, timides à l'excès, ils marchent en se regardant les pieds et, lorsque vous leur adressez la parole, ils virent au jaune foncé. Alors, pour découvrir un drôle de Japon, écouter de la musique alternative (il y a des bands punk-rock-glam-métal tout le tour du parc et certains qui brassent sérieusement le pouding) et rigoler, Harajuku est un rendez-vous à ne pas manquer. Let's go!

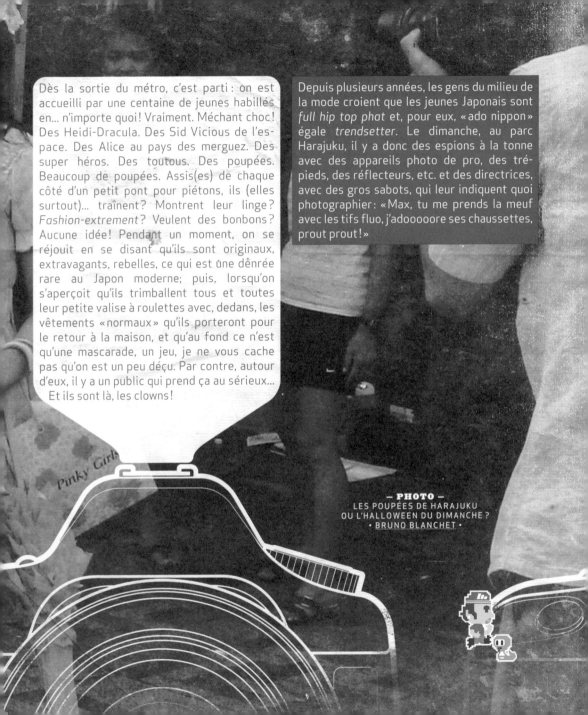

Dès la sortie du métro, c'est parti : on est accueilli par une centaine de jeunes habillés en... n'importe quoi! Vraiment. Méchant choc! Des Heidi-Dracula. Des Sid Vicious de l'espace. Des Alice au pays des merguez. Des super héros. Des toutous. Des poupées. Beaucoup de poupées. Assis(es) de chaque côté d'un petit pont pour piétons, ils (elles surtout)... traînent? Montrent leur linge? *Fashion-extrement*? Veulent des bonbons? Aucune idée! Pendant un moment, on se réjouit en se disant qu'ils sont originaux, extravagants, rebelles, ce qui est une denrée rare au Japon moderne; puis, lorsqu'on s'aperçoit qu'ils trimballent tous et toutes leur petite valise à roulettes avec, dedans, les vêtements «normaux» qu'ils porteront pour le retour à la maison, et qu'au fond ce n'est qu'une mascarade, un jeu, je ne vous cache pas qu'on est un peu déçu. Par contre, autour d'eux, il y a un public qui prend ça au sérieux...

Et ils sont là, les clowns!

Depuis plusieurs années, les gens du milieu de la mode croient que les jeunes Japonais sont *full hip top phat* et, pour eux, «ado nippon» égale *trendsetter*. Le dimanche, au parc Harajuku, il y a donc des espions à la tonne avec des appareils photo de pro, des trépieds, des réflecteurs, etc. et des directrices, avec des gros sabots, qui leur indiquent quoi photographier: «Max, tu me prends la meuf avec les tifs fluo, j'adooooore ses chaussettes, prout prout!»

— PHOTO —
LES POUPÉES DE HARAJUKU
OU L'HALLOWEEN DU DIMANCHE ?
• BRUNO BLANCHET •

Pinky Girls

Pas fous, les jeunes jouent le jeu. *Strike the pose*! Les vaguement punks grimacent. Les quasi-hippies font semblant d'être *stoned*. Les pseudo-catins potelées bébés «bout'-d'chouzent». C'est trop cuuuuute! Tellement *cute* qu'on n'en peut plus. Trop de glaçage et pas assez de gâteau. Alors, on sort sur le trottoir écouter un peu de smart métal avec *Dat Tit*, émule timide de Isis, puis du snap-crac-punk-pop avec les *Rice Priskies* (jusqu'à ce que le chanteur se fende la lèvre avec la botte du bassiste et qu'il lui sacre un coup de pied de micro), et on est excité parce qu'on s'est gardé le meilleur pour la fin… Dans 3,2,1… Les Dancing Elvis!

Les Dancing Elvis, comme les gens les appellent (ils sont en fait du *Tokyo Rockabilly Club*), se font aller, au milieu du parking, sur des airs de rock and roll (qu'écoutaient mes parents), et ils valent à eux seuls le déplacement. Dès le premier coup d'œil, l'ahurissant clash de cultures fait sourire. Un gros sourire (on pense à Elvis Wong!). Mais on constate rapidement qu'ils se prennent tous très très au sérieux, avec leur toupet en banane de deux pieds, leurs Perfecto usés aux bons endroits et leurs faux souliers pointus, et que le spectacle (?), pour eux, n'a rien d'une parodie (j'ai essayé d'en interviewer un et il m'a repoussé en retroussant la lèvre comme Billy Idol). Là, c'est l'hilarité garantie.

Ha hi! Faut les voir, ces similicuirs, ces copies de copies de *The Fonz*[9], après avoir dansé furieusement sur l'air de « *I fought the law* », caler leur *rootbeer*, glou glou, écraser la canette d'une seule main et marcher, grrr, menaçants cool cats à la Brando de *The Wild One*, pour aller la porter dans le bac de recyclage conçu à cet effet. Rock and roll! « *I fought the law and the law won...* »

Et vous l'aurez deviné: eux aussi ont leurs petites valises à roulettes. Le punch de la journée? Pendant que je suis là, à rire des clowns de cuirette, un regard se pose sur moi avec insistance. J'accuse réception. Le jeune homme s'approche. Il est québécois. « Excusez-moi, Monsieur, est-ce que c'est vous, le petit monsieur pas de cou? » Ha ha ha! Dans les dents, Tites-dents! Merci, Hugo Girard.

J'allais oublier qu'en plus d'être un clown moi-même, je suis un vieux clown...

[9] NdE: *The Fonz*: série animée produite par Hanna-Barbera au début des années 80

CHRONIQUE
— 059 —

Bière, baseball, bain, butô et bobette

1ᴱᴿ OCTOBRE 2005
— TOKYO, JAPON › 03-S —

Une des bières les plus populaires au Japon s'appelle la Asahi, et c'est vrai qu'elle est détestable (avec un nom toutefois moins pire que celui de l'eau minérale en Mongolie: l'eau Apu!). Les Japonais excellent dans beaucoup de domaines. Mais la bière, faudrait leur dire que ça ne se brasse pas avec des baguettes.

Par contre, pendant les matchs de baseball au Tokyodome, ils ont trouvé une façon fort efficace de mousser la vente de leurs verres de broue-pas-bonne-à-dix-piasses: pour servir le jaunâtre liquide aux fans, on fait appel à de pétillantes nymphettes en hot pants, avec le baril de bière drett' sur le dos, dans un joli backpack fluo. You hou! Vous lui faites signe, aussitôt elle s'approche, s'agenouille, sort son boyau et vous verse une draft, live, avec un beau sourire de 32 dents. Oui, mon Richard Labbé! À mettre sur ta liste de cadeaux de Noël, immédiatement.

Parlant baseball, lorsque tu es à Tokyo, voyageur au long cours, sous aucun prétexte tu ne dois rater l'occasion d'aller voir un match des *Giants* au Tokyodome; et ce, même si tu n'aimes pas le baseball: parce que le réel plaisir est dans la foule.

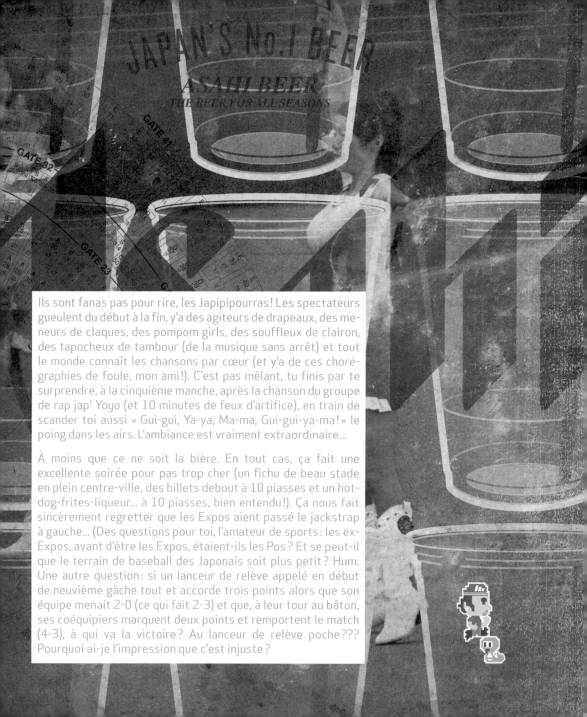

Ils sont fanas pas pour rire, les Japipipourras! Les spectateurs gueulent du début à la fin, y'a des agiteurs de drapeaux, des meneurs de claques, des pompom girls, des souffleux de clairon, des tapocheux de tambour (de la musique sans arrêt) et tout le monde connaît les chansons par cœur (et y'a de ces chorégraphies de foule, mon ami!). C'est pas mêlant, tu finis par te surprendre, à la cinquième manche, après la chanson du groupe de rap jap' *Yoyo* (et 10 minutes de feux d'artifice), en train de scander toi aussi « Gui-gui, Ya-ya, Ma-ma, Gui-gui-ya-ma!» le poing dans les airs. L'ambiance est vraiment extraordinaire…

À moins que ce ne soit la bière. En tout cas, ça fait une excellente soirée pour pas trop cher (un fichu de beau stade en plein centre-ville, des billets debout à 10 piasses et un hot-dog-frites-liqueur… à 10 piasses, bien entendu!). Ça nous fait sincèrement regretter que les Expos aient passé le jackstrap à gauche… (Des questions pour toi, l'amateur de sports: les ex-Expos, avant d'être les Expos, étaient-ils les Pos? Et se peut-il que le terrain de baseball des Japonais soit plus petit? Hum. Une autre question: si un lanceur de relève appelé en début de neuvième gâche tout et accorde trois points alors que son équipe menait 2-0 (ce qui fait 2-3) et que, à leur tour au bâton, ses coéquipiers marquent deux points et remportent le match (4-3), à qui va la victoire? Au lanceur de relève poche??? Pourquoi ai-je l'impression que c'est injuste?

Autre particularité: au Japon, le baseball est pratiqué avec un respect singulier de l'adversaire, du public et des officiels. Par exemple, au début et à la fin du match, les joueurs enlèvent leur casquette et vont s'incliner devant l'équipe adverse et devant la foule, puis ils s'inclinent en entrant et en sortant du terrain. Et jamais, au grand jamais, les joueurs ne contestent les décisions de l'arbitre. Une «troisième prise!» un peu louche? Pas de problème! Ils rentrent au banc en courant, avec le sourire. Mais le top, c'est qu'ils ne crachent pas. Et qu'ils ne se tâtent pas trop souvent l'entrejambe. Juste un peu. Et si discrètement qu'on leur pardonne. Exemple: un joueur se présente à la plaque. Numéro 18. Il pointe le champ gauche de son index. Tout le monde se retourne. Il en profite Squouik. C'est fait. Subterfuge! Que voulez-vous, y'a des habitudes plus difficiles à perdre que d'autres.

Parlant d'habitudes nippones, il y a une activité quotidienne à laquelle je suis en train de prendre goût: les bains publics. Au Japon, se moucher en public est considéré comme déplacé et vulgaire (indication: si vous voyez quelqu'un qui se fouille dans le nez dans la rue, vous pouvez être certain qu'il n'a pas toute sa tête), alors que se doucher en groupe n'a rien de choquant. La semaine prochaine, je vous parlerai de Japonais nus.

– PHOTO –
À TOKYO, LES VOYAGEURS NE DOIVENT PAS RATER L'OCCASION D'ALLER VOIR UN MATCH DES GIANTS AU TOKYODOME!
• BRUNO BLANCHET •

Bière, baseball, bain, butô et bobette (bis)

8 OCTOBRE 2005
— TOKYO, JAPON › 03-S —

Partout sur la côte Pacifique du Japon, les bains thermaux abondent. On raconte qu'il y a tellement d'eau chaude qui jaillit du sol japonais qu'en certains endroits, en se creusant un trou dans le sable, sur la plage, on peut se faire une jolie petite baignoire. Splouch plouch. Je suis devenu accro des thermaux.

Difficile de vous expliquer pourquoi, parce que le plaisir de terminer une lourde journée par un moment de relaxation dans de l'eau chaude sulfureuse en compagnie d'hommes d'affaires japonais dans le plus simple appareil n'a simplement pas d'équivalent québécois. Serait-ce le fait de la nudité ? Serait-ce le plaisir rituel ? Serait-ce l'eau ?

Je vais être honnête avec vous : il y a sûrement beaucoup à voir avec le fait que je sois toujours le seul Caucasien dans le bain. Et que, pendant ces quelques heures, je me sente beaucoup beaucoup au Japon, pendant que vous, vous êtes à la maison. Flebelebeleb ! (Oui, il m'arrive de vous tirer la langue. Comme les danseurs de butô…) Vous connaissez ? C'est magique.

(Silence. Les lumières s'éteignent. Rideau.)

Un homme nu, peint en blanc, la tête rasée, gît immobile, en position fœtale, au milieu de la scène, sous une ampoule nue qui se balance. Le vent se lève (effet sonore) et l'homme, doucement, s'éveille. Il se déploie comme une fleur, tire la langue au public et tend la main vers la lumière. Il hésite. Se replie. Le vent souffle de plus belle.

L'homme s'ouvre de nouveau. Il se tortille, nous tire encore la langue (ils tirent beaucoup la langue, les butohistes) et tend encore une fois la main vers la lumière. Il hésite. Bang! Un coup de tambour. Il se referme.

Ça fait huit minutes que le spectacle de butô est commencé. Il ne s'est rien passé, vous croyez? Vous avez raison. Et l'idée de « naissance », de « lumière », gnagnagna... vous trouvez ça usé? Encore une fois, vous n'avez pas tort.

Mais pourquoi, alors, est-ce aussi bouleversant?

Micha, une Israélienne rencontrée au café Internet (mon bureau!), pratique le butô, cette danse contemporaine japonaise. Elle vit à Kyoto. « Kyoto? » Oui. Parce qu'elle aime la ville. That's it. Y'a pas de détour avec elle.

Chapelière de 33 ans, nez aquilin, caractère de chien, Micha me fait ca-po-ter. Quand elle m'a dit: « Tu viens voir du butô avec moi ce soir, Bruno? », je me suis transformé en pékinois et j'ai même pas attendu qu'elle tire sur la laisse. Elle déteste quand je fais ça (« *Stop saying yes all the time!* »), mais j'ai tellement envie que quelqu'un (n'importe qui) prenne des décisions pour moi (n'importe quoi) que je me régale aussi de ses reproches.

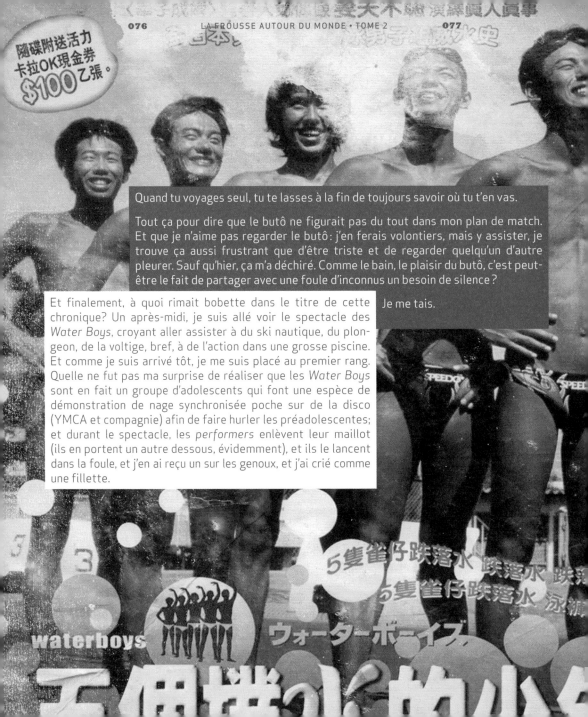

Quand tu voyages seul, tu te lasses à la fin de toujours savoir où tu t'en vas.

Tout ça pour dire que le butô ne figurait pas du tout dans mon plan de match. Et que je n'aime pas regarder le butô: j'en ferais volontiers, mais y assister, je trouve ça aussi frustrant que d'être triste et de regarder quelqu'un d'autre pleurer. Sauf qu'hier, ça m'a déchiré. Comme le bain, le plaisir du butô, c'est peut-être le fait de partager avec une foule d'inconnus un besoin de silence?

Je me tais.

Et finalement, à quoi rimait bobette dans le titre de cette chronique? Un après-midi, je suis allé voir le spectacle des *Water Boys*, croyant aller assister à du ski nautique, du plongeon, de la voltige, bref, à de l'action dans une grosse piscine. Et comme je suis arrivé tôt, je me suis placé au premier rang. Quelle ne fut pas ma surprise de réaliser que les *Water Boys* sont en fait un groupe d'adolescents qui font une espèce de démonstration de nage synchronisée poche sur de la disco (YMCA et compagnie) afin de faire hurler les préadolescentes; et durant le spectacle, les *performers* enlèvent leur maillot (ils en portent un autre dessous, évidemment), et ils le lancent dans la foule, et j'en ai reçu un sur les genoux, et j'ai crié comme une fillette.

Allez. C'était la dernière chronique en provenance du Japon. Je prends un break. Je vous parlerai une autre fois des *love hotels* (j'ai dormi seul dans la chambre S&M!), des mangas érotiques (ils en lisent dans le métro!) et des ultranationalistes japonais (sont cinglés!). *Sayonara*! Je vais passer du temps avec Micha.

J'ai besoin d'un peu de tendresse avant la prochaine étape, qui risque d'être pas mal plus difficile.

On part en terrain miné... dans les *killing fields* du Cambodge.

Boum.

CHRONIQUE
— 061 —

Des vacances au Cambodge

15 OCTOBRE 2005
— SIAM REAP, CAMBODGE › 07-N —

— PHOTO —
LA VIE N'EST PAS AUSSI
ROMANTIQUE QU'ON VOUDRAIT
LE CROIRE. MAIS, AU CAMBODGE,
ELLE A PARFOIS UN JOLI MINOIS.
• BRUNO BLANCHET •

Avant le Cambodge, je suis allé faire un tour à Koh Tao, jolie petite île dans le golfe de la Thaïlande, pour y visiter mes amis beaucerons, J-Pet et Marie. Après une longue nuit de voyage, je suis arrivé à leur bungalow, dans la splendide petite baie de Sai Deng. Le soleil brillait, la mer faisait sa turquoise, mes amis riaient de ma nouvelle coupe de cheveux, bref, le moment était magique : dans un geste théâtral, j'ai lancé mon sac à dos dans le sable, je me suis déshabillé là, sur la plage, puis j'ai couru dans la mer, au ralenti comme dans les films, et j'ai marché sur un oursin.

La vie n'est pas aussi romantique qu'on voudrait le croire.

Passer de la Thaïlande au Cambodge fait un peu l'effet de poser le pied sur un oursin. Poipet, la ville frontalière du côté cambodgien, semble tirée d'un film de Far West : des casinos, des bordels, de la poussière. Et un drôle de sentiment d'insécurité. Partons d'ici, si vous le voulez bien... La rumeur veut que la route 6, entre Poipet et Siam Reap (ma destination), soit commanditée par les compagnies d'aviation de la Thaïlande qui verseraient chaque année un tas de fric au gouvernement cambodgien pour qu'elle ne soit pas entretenue. Oui, vous avez bien lu : pour ne pas qu'on l'entretienne.

SLOW

10 PTS

Cent cinquante kilomètres en neuf heures. Faites le calcul.

Je croyais avoir tout vu, après les chemins cahoteux du Myanmar et les sentiers du Gobi, mais là, l'état de la 6 dépasse l'entendement, l'entraînement des astronautes et le *Zipper* du défunt parc Belmont. Assis derrière (assoyez-vous devant!), j'ai rapetissé de cinq centimètres à force de me faire écraser les vertèbres et j'ai vomi tous les repas de la semaine dernière. Et ce n'est pas tout! J'allais, en cours de route, m'apercevoir que je venais de me faire prendre dans une magouille ignoble, le «scam des slow bus», et découvrir qu'un individu, bientôt, voudrait me tuer.

Entre la Thaïlande et le Cambodge, le transport routier serait, semble-t-il, géré par des gangsters qui prennent en otages les passagers des autobus et font en sorte que tout le monde débarque à l'hôtel qui a payé la cote aux bandits.

On appelle les autobus *slow bus* parce qu'ils roulent en pépère pour faire en sorte qu'à l'arrivée il fasse nuit noire à Siem Reap et que vous soyez tellement écœuré que vous voudrez bien dormir n'importe où, anyway. Sauf que le Bruno du Canada, il n'aime pas beaucoup se faire dire quoi faire; et quand, à l'avant-dernier arrêt de l'autobus, «l'employé» de l'hôtel est venu lui annoncer que tous les passagers de l'autobus allaient descendre au Chamroun Guesthouse, Bruno, lui, a répondu sèchement qu'il allait descendre où bon lui semblait et que son Guesthouse, il pouvait se le «chamrouner» où je pense.

ional Road #6, Svay

el/Fax :(855) 63963836   E-mail:ccv@

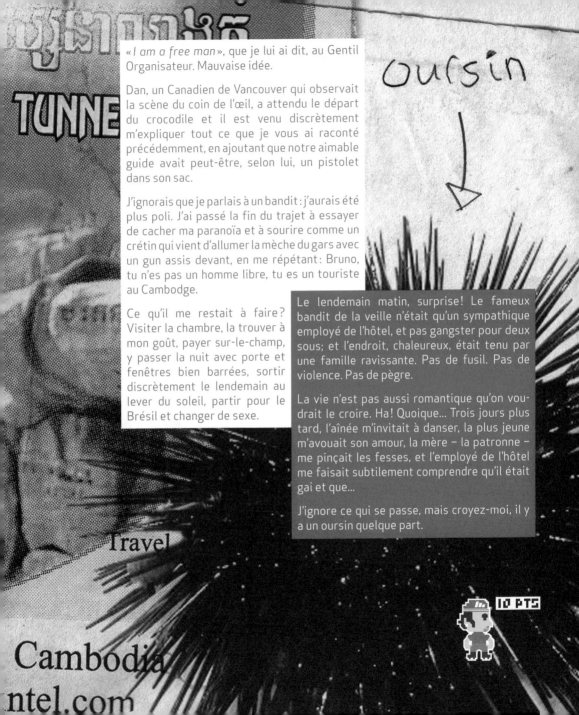

«*I am a free man*», que je lui ai dit, au Gentil Organisateur. Mauvaise idée.

Dan, un Canadien de Vancouver qui observait la scène du coin de l'œil, a attendu le départ du crocodile et il est venu discrètement m'expliquer tout ce que je vous ai raconté précédemment, en ajoutant que notre aimable guide avait peut-être, selon lui, un pistolet dans son sac.

J'ignorais que je parlais à un bandit: j'aurais été plus poli. J'ai passé la fin du trajet à essayer de cacher ma paranoïa et à sourire comme un crétin qui vient d'allumer la mèche du gars avec un gun assis devant, en me répétant: Bruno, tu n'es pas un homme libre, tu es un touriste au Cambodge.

Ce qu'il me restait à faire? Visiter la chambre, la trouver à mon goût, payer sur-le-champ, y passer la nuit avec porte et fenêtres bien barrées, sortir discrètement le lendemain au lever du soleil, partir pour le Brésil et changer de sexe.

Le lendemain matin, surprise! Le fameux bandit de la veille n'était qu'un sympathique employé de l'hôtel, et pas gangster pour deux sous; et l'endroit, chaleureux, était tenu par une famille ravissante. Pas de fusil. Pas de violence. Pas de pègre.

La vie n'est pas aussi romantique qu'on voudrait le croire. Ha! Quoique... Trois jours plus tard, l'aînée m'invitait à danser, la plus jeune m'avouait son amour, la mère – la patronne – me pinçait les fesses, et l'employé de l'hôtel me faisait subtilement comprendre qu'il était gai et que...

J'ignore ce qui se passe, mais croyez-moi, il y a un oursin quelque part.

Vacances au Cambodge : Angkor what ?

22 OCTOBRE 2005
— ANGKOR WAT, CAMBODGE › 07-N —

Six heures a.m. C'est la maman qui est venue me réveiller avec un petit bec. Après la soirée d'hier, j'attendais plutôt Souphal, la sérieuse, la pharmacienne, l'aînée. Au chic Martini, on a dansé et ri toute la soirée. Elle est couchée, m'a dit maman.

Sopi, la comique, la cadette, l'étudiante en économie (au Cambodge, où on additionne des riens) m'avait déjà préparé le petit-déjeuner. Rayonnante d'amour, belle comme le jour (le jeudi), elle était *sunny side up*, comme les œufs dans mon assiette qu'elle avait soigneusement disposés en « bonhomme sourire » avec cheveux de laitue, sourcils de bacon et smile aux tomates.

« *It's from me*, qu'elle a chuchoté à mon oreille, bon appétit. » OK…

C'est le moment qu'a choisi mon chauffeur gai pour arriver : « *Arrrre you rrrready to go to Angkorrrr Wat, Brrruno, you handsome man ?* »

Ouille. *I don't know.*

2
3
4

touristes japonais

10 PTS

Visiter les temples d'Angkor est la raison pour laquelle on se déplace en masse vers Siam Reap. Érigés entre le IXe et le XIIIe siècle dans l'ancienne capitale de l'empire khmer, les temples d'Angkor comptent parmi les merveilles architecturales de ce monde. Mais ça, vous le savez déjà. Alors, qu'est-ce que je pourrais vous raconter au sujet d'Angkor qui n'ait pas été écrit mille fois? Oui, c'est un endroit fabuleux, ceint de mystère, qui peut vous bouleverser même. Mais il est important de savoir que, malgré toute sa splendeur, le site compte de nombreux irritants.

D'abord, tenez-vous loin des groupes de touristes japonais. C'est difficile, mais possible: tôt le matin (ils dorment), le midi (ils mangent) et au coucher du soleil (ils sont sur la montagne). Si, par malheur, vous deviez vous retrouver au milieu d'un de ces hystériques groupes de voleurs d'images, ne paniquez pas. Prenez une grande inspiration et dirigez-vous vers la sortie la plus proche : parce qu'ils vous piétineront et ne s'en rendront compte qu'une fois rendus à la maison, en regardant les photos...

Autre conseil (et ça, ça vaut pour nombre d'endroits...): trouvez-vous une façon mécanique et polie de dire «non merci» afin d'éviter l'épuisement. Les vendeurs, partout et persistants, peuvent aisément gâcher votre visite; quand, pour la vingtième fois, on vous aborde avec le même *speech*: «*Hello sir, where are you from? Canada? Oh Canada, capital Ottawa, speak two langages!*» pour essayer de vous vendre une tab... de flûte de pan, il est naturel que vous ayez envie de tuer Zamfir.

Un truc? Dites que vous venez de la Lettonie. Ça les scie.

Autre chose: la meilleure façon de visiter Angkor Wat, le plat de résistance, le temple des temples, est de le faire pieds nus. Hmmm... Prenez le temps de sentir sous vos plantes de pied l'usure de la pierre froide, chargée de mille ans de pleines lunes, d'orages électriques, de comètes Halley, de fins du monde, de prières, d'éclipses, de sacrifices, de soleil, et de cris de moines qui jouent à la cachette.

«Ah ah! Un deux trois pour Shimvatra, caché en arrière du Bouddha!»

Hier soir, j'ai été invité à un festin de famille. C'était la fin de la semaine du P'chum Ben[9]. Après avoir fait les offrandes aux moines, on bouffe et on boit comme des porcs. C'est drôle comme les traditions finissent toujours de la même façon. Je me suis tapé une soupe à l'anguille absolument délicieuse, de *l'ammoc* (un poisson haché dans une feuille de *noni*) et un œuf bouilli avec... le poussin dedans. Je croyais à une blague. Mais quand j'ai vu que tout le monde y allait gaiement, miam miam, Tweety bird, j'ai plongé ma cuillère dans le *schnu* brun-gris-rose-caoutchouteux croquant-juteux, j'ai fermé les yeux et j'ai tout mangé. Avec une salsa *picante* et du cumin frais, je me sens un peu coupable de vous avouer que j'ai plutôt aimé.

Parlant d'amour, durant toute la veillée, Souphal, d'un côté, sans le faire exprès, me donnait des petits coups de genou sous la table; Sopi, de l'autre, posait accidentellement sa main sur ma cuisse; en face, maman et mon guide gai me faisaient des clins d'œil et des yeux au complet. Et vous savez quoi? J'ignore toujours pourquoi. Peut-être qu'au Cambodge je suis Roy Dupuis? Peut-être que c'est simplement un peuple très affectueux? Entoucas. Quand je suis allé me coucher, seul et un peu gorlot, le plafond s'est mis à tourner et ça a cogné à la porte de ma chambre. Vous avez une semaine pour deviner c'est qui.

[9] NdE: Le P'chum Ben est la fête de la commémoration des morts, au Cambodge.

Des vacances au Cambodge : des vacances ?

29 OCTOBRE 2005
— SIAM REAP, CAMBODGE › 07-N —

Quand j'ai intitulé ainsi la série sur le Cambodge, je voulais faire référence à *It's a Holiday in Cambodia*, chanson populaire d'un groupe que j'écoutais, adolescent, les Dead Kennedys. Je prévoyais en effet un voyage qui serait plus près du rythme punk (4/4-pif-paf-des-coups-de-guitare-dans-face), que de *La Complainte du phoque en Alaska*; autrement dit, un trip pas reposant. Christian Bolduc, de Montréal, est le premier (et le seul!) à avoir fait le lien. Alors, bravo Christian, tu te mérites donc le livre à paraître de *La Frousse autour du monde* si, un jour, je parviens au bout de la chanson.

Toc toc toc! Ça cogne à la porte de ma chambre.

Je consulte le réveille-matin: il est 1 h 30. J'aurais dormi une heure sans m'en apercevoir? Toc toc toc! Je suis dans la brume. J'ai mal au cœur. Qui peut bien vouloir me réveiller à c't'heure indue?

La porte s'entrouvre doucement... Quelqu'un avec une clé? Une silhouette, puis deux, puis trois apparaissent dans l'entrebâillement. Hiiiiiii! À moitié endormi, des frissons me dressent les cheveux sur la tête et, comme dans le pire des cauchemars, la peur me paralyse. J'ai devant moi, là, dans l'embrasure de la porte, des étrangers immenses, terrifiants. Au secours! Est-ce que je rêve? Je ferme les yeux, je me dis que c'est un cauchemar et que, maintenant, tout de suite, va apparaître l'équipe cubaine de volleyball féminin, vite! Rien n'y fait, la porte continue de s'ouvrir, le profil des ombres se précise, j'entends des voix, des rires étouffés. Par un effort surnaturel, je soulève la tête et, la poitrine serrée, je réussis à pousser un cri de terreur qui ressemble à «ouh eeehey HEY!» Les lumières s'allument.

«C'est ton initiation, mon garçon!»

Je ne rêve pas. C'est Pap (le proprio de l'hôtel), plus ses frères et ses fils, complètement paquetés, qui se sont mis en tête de me kidnapper et de m'amener au Tokyo Massage: un bordel au coin de la rue qui n'a de Tokyo et de massage que le nom. Comme les hommes ne m'ont pas encore vu rentrer avec une femme depuis les trois semaines que je suis là (ce qui est anormal pour un *barang*[10] blanc de 40 ans, un autre dossier un peu sombre dont je n'ai pas envie de causer) et parce que je porte des boucles d'oreille (une autre anomalie), ils veulent ce soir s'assurer de ma… sexualité.

«OK, les boys, je sors avec vous, mais au Tokyo massage, no way!»

[10] NdE: Barang est le terme khmer qui signifie Français.

Vous verriez l'endroit, vous comprendriez: dans une entrée de garage glauque, sur une estrade moche, une quinzaine de jeunes femmes — robes rouges, fesses hautes, lèvres roses— font semblant de s'amuser — hi hi, ouh ouh — pendant que, devant elles, à une distance d'au moins 10 mètres, assis sur des bancs de parc, des brutes les zyeutent. La distance entre les deux groupes rend la scène, déjà disgracieuse, troublante: si l'on voulait que ça ressemble à un marché d'esclaves, c'est réussi et, dans le genre *meat market*, il serait difficile de faire plus dégradant.

Jamais je ne mettrai les pieds là-dedans.

Never.

Les hommes n'en ont rien à foutre de mes principes. Ils m'ordonnent de me lever immédiatement, sinon, ils me tireront du lit eux-mêmes. Ils sont confiants, à six contre un, mais ils ont omis un détail: il fait très chaud et je dors flambant nu. Sachant très bien qu'aucun macho n'a envie de manipuler un homme à poil, c'est probablement mon unique moyen de défense... Sans attendre qu'ils mettent leur menace à exécution — et pour profiter au maximum de l'élément de surprise — je lance la couverture par terre et je bondis dans le lit, yipee! au petit trot le cheval avec ses grelots, bling bling bedong, et je me jette sur eux comme un tordu en hurlant: «AAAAAH! BASE-BALL!»

Je swingue et je rate le premier... mais ça marche! Le groupe explose comme un banc d'éperlans effrayés par un maquereau — ou plutôt le contraire dans ce cas-ci! — et les hommes fuient en riant dans toutes les directions. Coup de circuit de Barry Bonds! C'est la panique!

«AAAAAH!»

Du bon gros fun de gars. *It's a holiday in Cambodia.*

Des vacances au Cambodge : Phnom Peine

5 NOVEMBRE 2005
— PHNOM PENH, CAMBODGE › 07-N —

La chronique de la semaine dernière vous a fait réagir ? Ayoye ! Se pourrait-il que, sans s'en rendre compte, le correspondant à « l'étrange » que je suis ait ouvert une boîte pleine de points d'interrogation sur des sujets aussi sérieux que la prostitution en Asie, le machisme chez les bouddhistes et la sexualité des hommes de 40 ans ? Pas pire pour un clown... Je commence à croire que je suis un ethnographe qui s'ignore, un « ethnonographe », comme le suggère Maxime Lamoureux, de l'UdM (1, 2, 3 go !, pour le journal d'anthropo, cher Maxime, je rêve de servir de « desser » après Malinowski !). Devrais-je changer de métier ? Et pour ce qui est de vos questions de sexe, les curieux, promis, aussitôt les enfants couchés, je vous fais de jolis petits dessins.

En attendant, la suite du délire.

Le jeudi soir, au Water Festival de Phnom Kromm, sur un manège pourri à 20 cents, Bruno et les jeunes s'amusent à faire basculer les chevaux de bois, et Bruno se fait avertir deux fois avant de se faire expulser. Le vendredi, Bruno va volontairement se perdre à vélo dans la campagne inondée. Il rencontre des chasseurs de grenouilles, des planteurs de riz et des faiseux de rien, et il retrouve son chemin à la tombée du jour, crevé, après s'être fait poursuivre par des chiens. Samedi, devant une salle bondée, Bruno participe à un concours de karaoké khmer, et il a l'air d'un beau tata... OK ?

Depuis que je suis au Cambodge, je fais des folies. Ça vous étonne ? Moi non plus. Le Cambodge est une catapulte : il y a ici une urgence de vivre, une vitalité qui vous transporte au-delà des dangers, à 3 sur une moto, sans casque, pas de souliers, une nuit sans phare, en amour avec la pilote et la passagère, vers une mare d'eau noire, où vous plongez, tête première, sans hésiter, pendant que les autres rient ; pendant que, sous les étoiles qui fleurissent, les insectes jouent du *Fripp-Eno* à la crécelle et que les batraciens coassent que « la mooooort n'existe pas ». Imaginez un mois...

Soirée d'adieux

Ça m'aura pris en effet presque quatre semaines pour réussir à quitter ma famille K. de
Siam Reap. Je ne me serai pas ennuyé une
seconde. Le dernier soir, on s'est envoyé une
gargantuesque fondue cambodgienne (la
cuisson se fait sur une espèce d'égouttoir en
métal renversé, posé sur un seau de braise),
et c'était absolument succulent. Après le repas et la séance de photos, émus, ils m'ont
donné le plus étonnant, le plus beau, le plus
touchant des cadeaux : à l'intérieur d'une carte
de souhaits avec des fleurs et des papillons,
ils m'ont offert... un prénom. Un prénom cambodgien. Juste pour moi. Khnao.

Ça se prononce comme «maintenant», en
anglais. et Sou dit que c'est le nom d'un fruit
cambodgien délicieux. Merci. Je pose la carte
sur mon sac à dos, les yeux dans l'eau. Désormais, ce sera aussi le nom d'un vieux mime
amoureux, abandonné au bord de la khmer.
Bye bye!

Le lendemain, c'est donc triste comme les
pierres que j'arrive à «Phnom Peine». Il pleut à
noyer les dindes. Le soir. Un lundi. Le temps
d'un dernier soupir à l'arrêt de bus, et *watch
out!*, c'est reparti! Les portes s'ouvrent et
vous êtes jeté comme un morceau de viande
au milieu d'une foule affamée de quêteux pas
de bras, de chauffeux de moto, de tireux de
tuk tuk, d'enfants pas de mère, de mères pas
de sous et de pousseux de pout-pout qui, pour
10 cents, vous transporteraient sur leur dos.
Certains crient, les autres hurlent ou tiennent
des pancartes comme à l'aéroport. Un de ces
derniers tire avec insistance sur mon sac.
Hey, c'est quoi, le problème? Je me retourne.
Hein?

Sur son affiche est écrit... : «Mister Khnao,
Canada!»

L'homme explique qu'il est un ami de la famille
K. et que Pap lui a demandé de venir m'accueillir.
Ma chambre d'hôtel est déjà réservée.

Et vous m'avez reconnu ?!?

*«Easy! Pap says to me: look for a funny old
man.»*

Ha ha! *A funny old* man dans un drôle de pays...
plein de paradoxes. La semaine prochaine,
voyage au bout de l'horreur: le musée de la
torture et du génocide. Couchez les petits.

Des vacances au Cambodge: Les *killing fields*

12 NOVEMBRE 2005
– PHNOM PENH, CAMBODGE › 07-N –

Entre 1975 et 1979, sous le régime des Khmers rouges, on estime que près du cinquième de la population du Cambodge fut exterminée. Le leader adulé, Pol Pot, avait tout aboli, de l'argent jusqu'au calendrier, proclamant l'an zéro et le retour aux valeurs ancestrales, comme l'agriculture sans machinerie et... l'esclavage. Tout le monde aux champs! Les villes furent vidées de leurs habitants et ceux qui ne furent pas abattus («détruits» était le terme employé par les autorités) durent survivre à la famine, à la maladie, au désespoir...

À Phnom Penh, en plein centre-ville, un édifice témoigne de toute l'horreur du régime des Khmers rouges: le tristement célèbre Tuol Sleng, un ancien lycée transformé en prison et rebaptisé S-21. Aujourd'hui, Tuol Sleng (qui signifie «colline empoisonnée» en langue khmère) est officiellement reconnu comme le Musée du génocide, rien de moins.

Tout y a été conservé comme à l'époque des interrogatoires de cinq jours, des chocs électriques, des coups de bâton et des disparitions. Des 20 000 personnes amenées ici en trois ans, 7 survivront. Aucun des responsables ne sera jamais jugé. Vous savez ce que ça crée comme malaise de se balader dans des cellules où sont morts des milliers d'individus, battus, affamés, étranglés ou brûlés? Vous savez combien ça remue de toucher les murs où des hommes ont fracassé des crânes d'enfants, de femmes, de vieillards? Vous avez lu *Les chants de Maldoror*, de Lautréamont? Une image troublante du livre me vient en tête: le personnage, obsédé par un requin mangeur d'hommes, plonge à l'eau pour le tuer, et tous les deux finissent dans une étreinte passionnée. Fascination morbide, voilà ce que c'est.

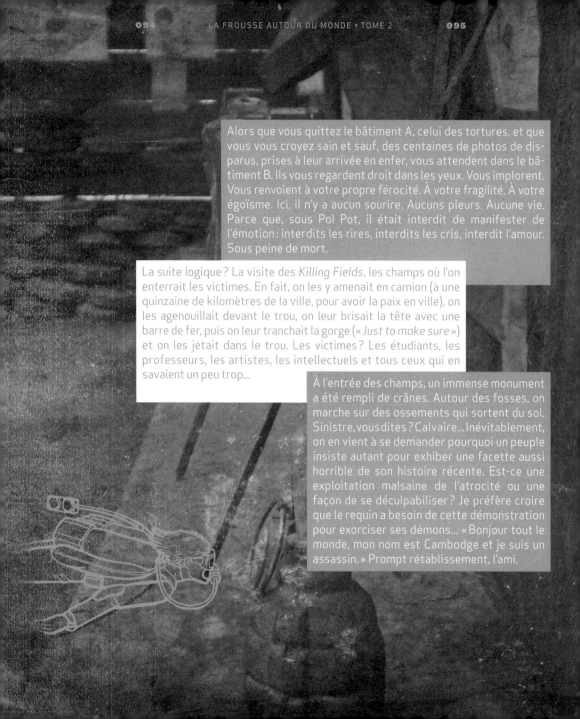

Alors que vous quittez le bâtiment A, celui des tortures, et que vous vous croyez sain et sauf, des centaines de photos de disparus, prises à leur arrivée en enfer, vous attendent dans le bâtiment B. Ils vous regardent droit dans les yeux. Vous implorent. Vous renvoient à votre propre férocité. À votre fragilité. À votre égoïsme. Ici, il n'y a aucun sourire. Aucuns pleurs. Aucune vie. Parce que, sous Pol Pot, il était interdit de manifester de l'émotion: interdits les rires, interdits les cris, interdit l'amour. Sous peine de mort.

La suite logique? La visite des *Killing Fields*, les champs où l'on enterrait les victimes. En fait, on les y amenait en camion (à une quinzaine de kilomètres de la ville, pour avoir la paix en ville), on les agenouillait devant le trou, on leur brisait la tête avec une barre de fer, puis on leur tranchait la gorge («*Just to make sure*») et on les jetait dans le trou. Les victimes? Les étudiants, les professeurs, les artistes, les intellectuels et tous ceux qui en savaient un peu trop...

À l'entrée des champs, un immense monument a été rempli de crânes. Autour des fosses, on marche sur des ossements qui sortent du sol. Sinistre, vous dites? Calvaire... Inévitablement, on en vient à se demander pourquoi un peuple insiste autant pour exhiber une facette aussi horrible de son histoire récente. Est-ce une exploitation malsaine de l'atrocité ou une façon de se déculpabiliser? Je préfère croire que le requin a besoin de cette démonstration pour exorciser ses démons... «Bonjour tout le monde, mon nom est Cambodge et je suis un assassin.» Prompt rétablissement, l'ami.

À la fin de la visite, ébranlé, et heureux de vous en tirer vivant (un peu plus même qu'avant!), c'est sans arrière-pensée qu'on vous proposera d'aller immédiatement clore le dossier en tirant de la M-16 ou de la kalachnikov sur une cible représentant un soldat, ou en lançant une grenade dans un lac (?), au centre de tir Trigger Happy. Pour 200 piasses, vous pouvez même tirer un missile sol-air!

C'est complètement ridicule… Mais ça détend!

Parenthèse Pnong

> 19 NOVEMBRE 2005
> **— SEN MONOROM À MIMONG,
> CAMBODGE › 07-N —**

À Sen Monorom, capitale de la province de Mondulkiri, on organise des voyages dans la jungle à dos d'éléphant avec singes, oiseaux multicolores, chutes spectaculaires et frissons garantis; plus tigres, cobras et boas, si vous êtes chanceux.

À l'auberge Pich Kiri, Madame Deu (Anna, de son prénom) réussit à me convaincre de partir avec Dara (son fils et guide) pour une semaine, direction Mimong (village célèbre pour ses mines d'or), à une soixantaine de kilomètres dans la brousse. Elle n'a pas eu à faire un très grand effort après m'avoir annoncé le prix... 180 $US, tout inclus! (Pour sept jours dans la jungle, sur un pachyderme, ce n'est pas cher: au Japon, tu vas promener un chien brun dans un petit parc pour ce prix-là.)

Le lundi matin, nous nous rendons donc au village (huit cabanes) Pnong (ethnie animiste locale) de Putang, à 12 kilomètres de la ville, pour aller quérir Pchoun, le conducteur, et Dumbo, l'éléphant. Les anciens, réunis dans la maison du chef, nous accueillent avec des faces de carême: il n'y aura pas de départ aujourd'hui. Pardon? Je pousse un peu le cochon (il grogne) et je m'assieds dans le coin. Dara essaie de traduire au fur et à mesure les propos du monsieur sérieux avec la tuque de ski-doo, assis en indien (bien qu'on soit au Cambodge). J'écoute.

-Les dieux de la forêt ne sont pas favorables... Il faut que Pchoun sacrifie un poulet pour le dieu du champ de riz... Après, il faut faire une veillée chez lui... Il faut boire du vin... Manger du poisson... des araignées... Et un singe... Avec des petite s patates rondes...

Je me retourne vers Dara.

-S'il te plaît, demande-leur si je peux participer.

Dara leur pose la question. Le chef lui répond sur un ton qui n'invite pas à la discussion. Dara est mal à l'aise.

-Tu es obligé de participer, Bruno. Tu fais partie de l'expédition... Ça ne te dérange pas ?

Si ça me dérange ? Ha! À condition que je ne serve pas de dessert...

La cérémonie commence alors assez abruptement. Pchoun saisit une poule par le cou, lui place un couteau de travers dans le bec, lui découpe la face en deux, schlac!, puis fait couler le sang dans une tasse de métal posée sur le sol de terre battue de sa maison. L'oiseau de basse-cour gigote un peu avant de rendre l'âme, le sourire fendu jusqu'aux oreilles.

Un des enfants de Pchoun (qui en a sept, dit-il: cinq vivants, deux morts) me regarde comme si j'étais un monstre. Grand, blanc et couvert de poils (j'ai une barbe) dans un monde de petits bruns imberbes, je suis un ours polaire! Son petit frère (qui se cache derrière lui) a une grosse bedaine ronde qui indique que ça ne va pas bien du tout… Et des yeux vides, pleins de mouches. Le bébé que la femme de Pchoun allaite est trop maigre. Elle aussi. J'ignorais que le Cambodge était au tiers-monde.

Ensuite, dans le champ de riz, Pchoun et sa femme vont réciter des incantations devant une espèce de totem de paille et de bambou, en badigeonnant l'épouvantail — qui fait très «*Blair Witch*» — avec le sang du poulet. Dara me décrit la scène.

-*Pchoun annonce au dieu du champ qu'il part pour une semaine… Il lui dit de ne pas s'inquiéter… La femme de Pchoun offre le cœur du poulet au dieu de la forêt… pour qu'il ait toujours à manger…*

À la fin de la cérémonie, Pchoun sort la bouteille de vin de riz et nous portons un toast aux dieux.

Djoro Keo!

Dans la maison de Pchoun, les verres s'entrechoquent. Les aînés et les chefs de toute la région ont droit à la première tournée.

Totem

Agenouillés devant les jarres de vin, ils trempent ensuite un doigt dans le sang de poulet et laissent une empreinte sanguinolente sur les pots, en invoquant la clémence des dieux du village, de la forêt, du ciel, alouette. Tous prient en même temps et emplissent la cabane d'une rumeur fantastique, d'un bourdonnement d'une intensité à vous donner la chair de poule. Si les dieux ne l'entendent pas, c'est qu'ils dorment avec du *Anthrax* dans le iPod.

Après quelques verres, à la lueur des chandelles (vous croyiez vraiment qu'il y avait de l'électricité ?), comme par magie, les visages étrangers d'il y a quelques heures commencent à devenir familiers. Wow ! La tension s'est relâchée.

Je fais soudainement partie de la tribu. On s'amuse à gueuler mon nom.

-Bruno !!! Bruno !!!

On me ressert à boire. On me donne de grandes claques dans le dos. Dara, Pchoun et sa femme viennent tour à tour me prendre la main… Est-ce que j'étais celui qu'il fallait exorciser ?

Quelle journée ! Je n'aurai vu ni jungle ni éléphant. Mais les plans changent souvent. Je ne suis pas parti aujourd'hui. J'ai décollé.

P.-S. Les araignées, ça goûte comme les coquerelles et du singe, ça goûte le chien…

Ben non, c'est pas vrai, je vous reparlerai du goût des araignées et des singes, promis.

La forêt hantée, épisode 04 : Gripette

26 NOVEMBRE 2005
— PARC NATIONAL DES SUNDURBANS, CAMBODGE › 06-N —

Réveillés à 5 h du mat' par le chant du coq caché sous le plancher de bois surélevé sur lequel, sans matelas ni oreiller, nous nous étions endormis complètement bourrés, Dara, le guide, et moi, le Bruno, commençons à rassembler nos effets. Nous nous préparons en vue du départ à dos d'éléphant qu'est parti chercher Pchoun, le conducteur, aux champs, où courent déjà des enfants tout nus et des chiens excités comme des petits frissons dans la rosée glacée du matin. Malgré toute la magie de la veille, pour moi, la vie reprend malheureusement là où elle s'est interrompue; je suis toujours fatigué, j'ai faim, je suis sale, mes vêtements sont humides (et chlinguent) et mes espadrilles, trempées. Hier soir, il a plu comme vache qui pisse et, en sortant pour aller aux toilettes — c'est-à-dire dehors, n'importe où —, j'ai glissé et je suis tombé à plat ventre dans un trou de boue suspecte. Et en enfilant ce matin mes souliers lourds, les 24 heures passées au village de Putang m'ont semblé soudain comme une semaine, un mois, une éternité: chez les oubliés, Dieu que le temps passe lentement!

Pourtant, ce ne sont pas les distractions qui ont manqué! Musique traditionnelle, alcool à profusion, hiha! et danse en état d'ébriété... Les anciens ont passé la veillée à raconter des histoires de fantômes, pour nous mettre en garde, qu'ils disaient (je crois plutôt qu'ils voulaient plutôt nous effrayer): car il y aurait, sur notre trajet, un coin de forêt où personne n'est autorisé à s'arrêter. Un coin de forêt hantée... La Clairière de la Mort!

Bouhou! Attention!

Dara connaissait déjà la réputation de l'endroit, mais il n'y a jamais cru à ces histoires de fantômes: il avait même prévu y dormir, après-demain, pour provoquer les esprits qu'il rêve de voir se manifester, le petit vlimeux! Il me demande si ça me fait peur. Je lui avoue que, au contraire, ça me fait un peu triper et que ça me donne l'impression d'être dans le film *Stalker*, de Tarkovsky. Ou dans *Scooby Doo*!

– Dans *Scooby* quoi?

J'aurais pu lui dire dans *Brichfroutmune* que ça aurait eu le même effet… Rien que pour vous donner une petite idée à quel point nous ne partageons pas le même système de références, Dara, à peu près 26 ans, ne connaît pas la date de son anniversaire… «Est-ce que c'est important?», qu'il demande. «Euh… chez nous, oui…» Mais là n'était pas la question si l'on voulait dormir dans la forêt hantée, le plus dur resterait à faire: convaincre Pchoun, le conducteur…

- Hop hop hop! Pchoun vient garer l'éléphant devant la cabane. C'est une femelle. Une belle toutoune de 50 ans. Elle a un nom à coucher dehors, faque on va l'appeler Gripette. Pchoun donne le signal. On charge!

Hamacs, couvertures, bouffe (viande séchée, riz et soupes Ramen), slingshots, filet à pêche et arbalète pour de la viande fraîche, tout ça est jeté par Pchoun dans un petit panier, sur le dos de l'animal. Euh… et où on s'assoit, Dara ? Dans le panier, Bruno. Allez, grimpe!

Sur l'ordre de Pchoun (il crie Toum!), l'éléphante tend la patte de devant. Dara me montre comment il faut poser le pied, puis s'accrocher au collier et trouver une manière d'escalader la bête sans tomber.

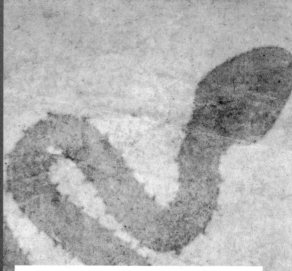

Je trouve le premier contact avec Gripette difficile: d'abord, elle me regarde de travers, comme si je l'effrayais, et je ne veux pas lui faire peur, je veux être son ami; deuzio, sa peau rude est couverte de long poils noirs qui piquent (le saviez-vous? Pas moi…); troisièmement, même si elle est apprivoisée, ce n'est pas évident de s'en approcher. De près, un éléphant, c'est… GROS.

Et je ne peux pas m'empêcher de l'imaginer en train de tomber sur le côté, puis de me voir tout aplati, comme le coyote dans *Bugs Bunny*.

On part. Bom bam bom bam… Ouch! Ça va être difficile.

Rester assis sur des victuailles, dans un panier qui se balance sur la colonne vertébrale d'un pachyderme, est presque aussi inconfortable que trotter à cheval sur une selle mongole — un siège en bois conçu pour ceux qui souhaitent devenir sopranos. Dans une semaine, je vais avoir des *buns of steel*…

Dès l'entrée dans la brousse, un serpent (un python?) d'au moins cinq mètres (selon Dara) nous accueille, enroulé sur lui-même, au milieu du sentier. Dara veut le tuer (pour la peau qui vaut beaucoup de sous), mais Pchoun n'est pas d'accord. Et comment le transporterait-on? demande-t-il à Dara. Selon la tradition *pnong*, il ne faut jamais placer un serpent sur un éléphant. Car l'éléphant mourrait. (Le contraire est vrai aussi!) La présence du python en début de parcours rend Pchoun nerveux. «Mauvais présage», qu'il murmure pour lui-même.

Et il avait raison.

— PHOTO —
L'ÉLÉPHANTE GRIPETTE
ET UNE VUE PARTIELLE
DE SON
PANIER-GARDE-MANGER-SELLE.
• BRUNO BLANCHET •

CHRONIQUE
— 068 —

La forêt hantée, épisode 02 : Comment perdre un éléphant

26 NOVEMBRE 2005
— PARC NATIONAL DES SUNDURBANS, CAMBODGE › 06-N —

La première journée s'est déroulée presque normalement dans la mesure où se balader à dos d'éléphant dans la jungle peut correspondre à une certaine normalité : posture inconfortable à mort, toiles d'araignée immenses et branches d'arbres épineuses plein la gueule, fourmis rouges dans le pantalon (à vous rendre fou !), et deux Cambodgiens qui s'amusent à vous faire bouffer des petites baies amères infectes (goûtes-y, c'est bon !) et du caca de lapin… J'aurai ma revanche, vous verrez.

La chasse à la grenouille du soir s'est soldée par la capture singulière, à la fronde, d'un petit haluman, superbe serpent vert fluo qui compte parmi les espèces les plus dangereuses de la planète : une fois mordu, vous avez une minute pour rédiger vos mémoires. Soixante secondes… Juste le temps que ça aura pris pour le faire frire, avec les trois poissons attrapés à la machette. Oui, à la machette ! Les deux indigènes s'installent au-dessus de l'eau, sans bouger, l'arme à la main, et… schlac ! Ils les tranchent en deux, sous l'eau. C'est très impressionnant. Et du serpent, avant que vous me posiez la question, c'est comme du petit poulet bourré d'arêtes.

Ça me rappelle que j'avais promis de vous parler du goût des araignées et du singe! Alors, réglons ça tout de suite: le problème avec les araignées grillées, c'est au moment de croquer dans la boule, vous savez, le derrière. Parce que le reste est croustillant et, ma foi, plutôt délicieux. Sauf que la boule, la première fois surtout, ne vous inspire pas confiance... Est-ce que ce sera mou, avec du jus à l'intérieur? Brrrr... Trois choix s'offrent à vous: vous la croquez, les yeux clos; vous la croquez et regardez ce qu'il y a dedans; ou vous la bouffez toute d'un coup. C'est ce que j'ai fait. Et ce n'est ni mou, ni dur, c'est plutôt fibreux et ça ne goûte pas grand-chose. Mais ça bourre. En ce qui concerne le singe, c'est plus complexe à expliquer: c'est une viande rouge, au goût prononcé et un peu déplaisant. L'animal est trop proche de l'homme, et c'est effrayant de penser que notre viande goûte peut-être la même chose... L'idée m'a effleuré l'esprit et j'ai recraché le morceau. Voilà.

De retour à notre mésaventure.

Le sommeil dans le hamac est pénible, surtout que le filet à moustiques est tellement troué qu'il ne retiendrait pas un brochet (et que tout ce que vous avez en tête, ce sont les araignées géantes, les tigres, la malaria et la maman du bébé serpent fluo); en plus, pour terminer en beauté, vos amis, pour rire, vous ont attaché à une branche qui va céder éventuellement, vers minuit. Crac bang! sur le dos. *Welcome to the jungle*!

Y'a pas à dire, ils ont de l'humour, les Pnong. Dans ces conditions, je vous jure que ça en prend.

La Clairière de la Mort

Jour 3. Aujourd'hui, nous devions, en principe, parvenir à la fameuse Clairière de la Mort et nous y installer pour la nuit. Mais Pchoun, le conducteur de l'éléphant, n'est pas d'accord; car il est convaincu que les dieux ne sont pas de not'bord. La journée d'hier a été difficile : un temps lourd à se traîner les pieds, une piste boueuse, une longue nuit sous la pluie et, au réveil, la disparition inexplicable d'un tas de trucs : deux coussins, les flèches pour l'arbalète, la casquette de Dara, une de mes gougounes et nos serviettes. Hop! Partis! Comme par magie! Ou comme… avalés par la forêt? En tout cas, c'est ce que Pchoun croit, et il a l'air particulièrement inquiet… Il a tellement de plis dans le front qu'on pourrait lui visser un casque de construction.

Nous décidons donc d'aller jusqu'au village de Mimong (à 15 kilomètres) où il y aura des lits et peut-être de la bière froide. Pchoun, heureux, enfourche la bête. Dara et moi décidons de marcher devant l'éléphant pour accélérer le rythme.

Au bout de quelques heures à gambader en chassant l'iguane et en agaçant les singes, nous parvenons à la fameuse Clairière de la Mort. J'ignore si, psychologiquement, il se produit un effet pervers sur votre être quand on vous annonce que vous venez d'entrer dans un territoire sacré hanté. Mais malgré qu'il n'y ait rien ici de bien effrayant, l'éclairage naturel et la végétation noueuse semblent soudainement complices d'un silence pesant à faire… peur!

Hésitation. Instinctivement, Dara et Bruno se retournent pour constater que, derrière eux, hi hi! il n'y a plus de Pchoun ni d'éléphant.

Le plaisir ne s'arrêtera donc jamais!

OK. Que faire maintenant? On attend? Il est 14h. Les deux aventuriers (les deux pissous, finalement) décident de poursuivre leur chemin. «Il y a un village à cinq kilomètres et Pchoun y sera», affirme Dara. Ouaaais.

Au-delà de la clairière, je tombe le cul à l'eau, dans une rizière.

Cout'donc, j'ai-tu payé pour ça, moi?

17h30. Je n'aurais jamais cru cinq kilomètres aussi longs. Le soleil est tombé derrière la colline depuis une bonne heure. La clairière est loin derrière, mais le foutu village n'est nulle part devant. Et toujours aucune trace de l'éléphant. Ce qui signifie: pas de bouffe, pas d'eau, aucun vêtement de rechange et, surtout, pas de lampe de poche. Il va faire noir dans la jungle à soir…

«Une chance qu'il y a la lune», me dit Dara, les yeux au ciel. «Oui, elle est pleine…», que je remarque. Pleine comme dans un film d'horreur…

— PHOTO —
UN RARE MOMENT DE RÉPIT
DANS LA JUNGLE…
• BRUNO BLANCHET •

Lorsque tu es perdu dans la jungle du Cambodge et que tu viens du boulevard Rosemont, coin Iberville, tu atteins un niveau d'incompétence assez spectaculaire; par exemple, le fait que tu sois capable de régler l'heure sur un lecteur vidéo n'est pas très utile dans les circonstances.

Désespoir.

Au loin, un chien jappe. Chien égale famille égale maison égale village? Oui! Les villageois sortent de leurs cabanes, complètement éberlués de voir apparaître un Blanc dans le noir. Je comprendrai vite la véritable raison de leur étonnement: ici, la nuit, personne ne marche dans la jungle. À cause des tigres… Parce qu'ici il y a des tigres dans la jungle!?! Des sueurs glacées me parcourent l'épine dorsale. Dara leur pose la question à un million de dollars.

- Avez-vous vu un éléphant?

Un éléphant! Ha ha! La question les fait rire. Une femme nous invite à manger. Quelqu'un d'autre nous offre à boire. Le chef du village nous propose de dormir chez lui. Dara leur dit qu'il voudrait plutôt continuer jusqu'à Mimong et dormir là-bas. Ça aussi, ça les fait rire.

Nous sommes à Mimong.

Après le copieux repas, assis sur le balcon de la maison du chef, Dara est songeur.

- Qu'est-ce qui ne va pas, Dara ?

Il m'avoue que c'est la première fois qu'il se trouve dans une situation pareille : désorganisé et loin de chez lui, où il ne connaît personne. Il est angoissé. Je tente de le rassurer.

- T'en fais pas, Dara. Ça fait 18 mois que je vis de cette façon-là ! Et on finit toujours par s'en sortir. C'est la magie du voyage… Au moment où l'on s'y attend le moins, hop !

On finit de boire nos bières chaudes. Le ciel, comme un dôme de lumière, nous enveloppe d'étoiles. Dara éternue. Un cri retentit au loin. Dans la lueur du seul lampadaire du village, Pchoun nous envoie la main. Gripette-la-grosse traîne un arbre avec sa trompe. Dara et moi, on éclate de rire et on se tape dans la main, comme au bowling.

- La magie, tu dis ?

- Oui, mon ami.

Le lendemain, joyeux, nous allons nous baigner aux chutes de Tang Lun. Une matinée presque parfaite avec un petit-déjeuner au poisson frais et un temps magnifique qui a l'air d'être parti pour rester. Nous reprenons la route après le lunch en nous disant que les problèmes sont enfin terminés. Ha ! ha ! ha !

Le soleil se couche derrière une masse nuageuse menaçante comme une face de loup-garou dans la fenêtre d'une chambre à coucher d'enfant. Nous suivons les pistes de l'éléphant, à rebours, en direction de la fameuse Clairière de la Mort. Simultanément, la pluie se met à tomber, les pistes de l'éléphant disparaissent, et nous nous retrouvons face à une rivière.

- Y a-t-il un problème, Dara ?

« Oui, qu'il me répond, en ponctuant sa réponse d'un lourd silence. Il n'y a jamais eu de rivière ici. »

Pchoun flippe totalement. Il descend de l'éléphant et cherche la route. Plus de route.

Nous fonçons à travers la brousse. Au bout de six longues heures de jungle épaisse, nous trouvons finalement un abri (une feuille de plastique tendue entre deux arbres), et nous nous arrêtons pour la nuit, perdus de nouveau, trempés et complètement vannés.

Au réveil, Dara et Pchoun reconnaissent l'endroit. Et ce n'est rien pour nous rassurer sur l'existence d'une forêt hantée: hier soir, sans le savoir, nous avons contourné la Clairière de la Mort…

Pchoun croit que les dieux de la forêt ont placé la rivière sur notre chemin exprès pour que nous ne puissions pas aller y dormir. «La forêt peut faire de nous ce qu'elle veut», dit Pchoun, sourire en coin. Il pointe en direction du ciel, derrière nous.

Horreur! Au-dessus de nos têtes, accroché à un arbre, un des coussins que nous avions égaré est éventré, comme un porc sur un crochet de boucher. J'ai des frissons.

Épilogue

Nous sommes de retour. Sur la montagne, aux abords du village pnong, la lune nous accueille avec un sourire éclatant. Dara me tape sur l'épaule.

- Est-ce qu'il y a des gens qui habitent sur la lune ?, me demande-t-il le plus sérieusement du monde... Pardon ? Je n'en crois pas mes oreilles. Il répète sa question. Mais c'est qu'il ne blague pas ! Je me souviens alors du premier jour, quand il m'avait fait bouffer une crotte de lapin, le petit comique...

- Oui, il y a des gens sur la lune, Dara. C'est pour ça qu'il y a de la lumière.

Et vlan ! Il y a tellement cru que j'ai failli y croire.

J'aurais aimé ça.

Des vacances au Cambodge :
post mortem

17 DÉCEMBRE 2005
– BANGKOK, THAÏLANDE › 07-M –

J'ai dépassé de 2 jours la date limite indiquée sur mon visa pour ma sortie du Cambodge. Oh non! Si j'étais naturellement un peu stressé d'être un illégal à l'intérieur du pays, j'ai été surtout très heureux de constater que, quand un visa est expiré, on ne se transforme pas en citrouille à minuit. À la frontière, le garde a fait une tête de pitbull content. «Deux», qu'il m'a indiqué en pointant mon passeport, et «dix», qu'il a fait en plaçant sa main sur la lentille de la caméra qui nous surveillait. Je lui ai refilé un billet de 10$US. Il l'a glissé discrètement dans sa poche de chemise déjà déboutonnée. Du quotidien.

Aujourd'hui, je vous écris de Bangkok et, franchement, j'ai le crayon un peu plus léger. Ahhh!!! (soupir de soulagement) Le Cambodge n'est pas tout à fait le royaume des droits et libertés, même si son roi est un danseur de ballet gai. Dehors, journalistes étrangers! Liberté de presse khmère équivaut à liberté d'aller au magasin l'acheter. Le pays est dirigé par une mafia qui déteste les médias. Au pouvoir depuis 27 ans, le premier ministre Hun Sen (en vaut-il plus?) poursuit en justice tous ceux qui disent quoi que ce soit contre lui (et les sommes sont extravagantes) ou bien il fait de la prestidigitation et abracadabra... Ils disparaissent. Malgré tout, il y en a qui refusent de se taire, qui relèvent courageusement le pari de faire une différence.

Des gens courageux qui ne l'ont pas eu facile, attachez-vous le cœur s'a cage... En 1976, à l'âge de 5 ans, Aki Ra fut engagé par les Khmers rouges après que ses parents, coupables du crime d'être malades (!), eurent été exécutés. On lui enseigna l'art de fabriquer des bombes, de poser des mines et de tirer à la carabine. Mais, même du «bon côté» de la dictature, les conditions de vie étaient cruelles. Et la nourriture, rare. Affamés, un soir de désespoir, Aki Ra et son meilleur ami tentèrent de se faufiler dans la soue à cochons pour voler de la bouffe aux animaux. Surpris par les soldats, Aki Ra réussit à s'enfuir, mais son copain eut moins de chance : capturé, il fut ramené à la baraque et là, devant ses compagnons, on le battit à mort à coups de pelle, puis on lui trancha la tête et on la plaça au bout d'un pieu planté au milieu de la pièce.

Bonne nuit, les enfants!

C'était un mardi. Pour Aki Ra, ce jour-là a duré 8 ans... Aujourd'hui, rescapé miraculeux de l'horreur et fondateur du musée Landmine, Aki Ra consacre sa vie à rendre son pays plus sécuritaire en le débarrassant des milliers de mines qui empoisonnent son sol. Et le choc, en débarquant à son musée, n'est pas de voir par centaines les bombes, les grenades et les pétards : c'est plutôt de réaliser qu'il n'est pas terminé, le cauchemar... Aki Ra a accueilli sous son toit une quinzaine d'enfants amputés, tous victimes d'accidents avec des explosifs. Des enfants qui ont payé cher la bêtise des grands. Leurs histoires sont plus horribles les unes que les autres. En voulez-vous une ? Non ? Je vous la raconte quand même! Le seul petit garçon «normal» du groupe est un orphelin qui, lorsqu'il était bébé, a survécu, après l'explosion d'une mine, en tétant au sein de sa mère morte.

Aki Ra, en plus d'accomplir un dangereux travail de saint (le déminage à mains nues, entièrement bénévole), doit se battre contre les autorités qui lui mettent des bâtons dans les roues à la moindre occasion. On essaie de le faire taire, comme bien d'autres d'ailleurs... Au Cambodge, un horrible passé est toujours vivant. Vous pouvez peut-être aider à ce qu'il ne l'emporte pas sur le présent : www.cambodialandminemuseum.org

C'est avec beaucoup de chagrin que je quitte maintenant l'Asie du Sud-Est. Je pourrais y passer encore beaucoup de temps, mais… que diriez-vous, vous, d'un petit changement ? D'un peu de turbulences ? De virer *a little bit crazy* ? Voici le plan : la semaine prochaine, on part à Calcutta (Kolkata) visiter la Mission de Mère Teresa. Puis, je pars faire un fou de moi en Inde. C'est garanti.

– PHOTO –
COMME TOUS LES ENFANTS
CAMBODGIENS, CETTE PETITE FILLE
RISQUE DE MARCHER
SUR UNE MINE SIMPLEMENT
EN JOUANT DANS UN CHAMP DE RIZ.
• BRUNO BLANCHET •

Merry Krishna

24 DÉCEMBRE 2005
— CALCUTTA, INDE › 06-K —

Autoroute, voie rapide, Calcutta. Pin pon pin pon! Dans le taxi *Ambassador* (elles sont belles ces voitures, j'en veux une!) qui nous mène de l'aéroport jusqu'à l'hôtel Hilson (oui, avec un s), des sirènes stridentes retentissent, derrière nous, au travers du tumulte des klaxons et de la musique bengali qu'offre gracieusement le chauffeur, volume à fond.

À nouveau Re-pin pon pin pon!

Le chauffeur du taxi n'a aucune réaction. Il doit être sourd. Ou il s'en fout. J'opterais pour cette deuxième hypothèse.

PIN PON PIN PON!!! La troisième fois, les sirènes sont immédiatement suivies d'un flash intense de gyrophare, d'un BANG! et d'une secousse qui ne laisse aucun doute: quelqu'un à bord d'un véhicule officiel, avec une cerise dessus, vient de nous foncer dans le cul.

Le chauffeur jette un œil distrait dans le rétroviseur et tasse paresseusement le taxi dans la voie du centre! Pas trop nerveux, mononcle? Le camion de police qui venait de nous emboutir s'amène à la hauteur de notre véhicule. Un policier se sort le corps par la vitre du camion, jusqu'à la taille, pour engueuler le chauffeur de taxi, et PAF!, il lui envoie une taloche dans le front.

Ha! Bienvenue à Calcutta!

Chez les Missionnaires de la Charité, le silence est de mise. J'allais m'informer de la possibilité de joindre les rangs de Mère Teresa pour faire un peu de bénévolat quand ce silence m'est rentré dedans. Le silence, et la blancheur. Parce qu'ici tout est blanc: les murs, les plafonds, les planchers, les nonnes. Un méchant contraste avec l'extérieur...

Cinq minutes auparavant, en voulant éviter le tireux de pousse-pousse qui essayait de faire le tour du camion qui klaxonnait pour que la motocyclette avec 5 passagers dessus libère le chemin bloqué déjà par 3 chèvres tellement maigres qu'on les aurait dites passées aux rayons X, je venais de trébucher sur un homme, assis par terre au milieu de la ruelle, avec les pieds rongés par la lèpre. Il a souri. Il a tendu la main. Il tenait un cerf-volant.

Dans la boîte de carton derrière lui, une famille (les Rahchitik) accumulait des vidanges, sans l'intention de sortir les poubelles. Un chien dormait. Peut-être qu'il était mort.

La misère, vous dites? L'enfer. Et pas une seconde de répit. C'est étourdissant.

«Alors, est-ce que je peux faire quelque chose pour les malades?» que j'ai chuchoté à la dame en blanc avec le sourire si vaste et généreux qu'on aurait pu y accrocher un ange à chaque coin et glisser une auréole au milieu.

La Sœur Sourire m'a demandé de revenir le lendemain matin à 6 h parce qu'aujourd'hui ils affichent complet: il y a apparemment beaucoup plus d'offres d'aide ces temps-ci que de boulot disponible. Servir les malades de Mère Teresa à Calcutta est extrêmement populaire et ça m'effarouche un peu. Tous les bénévoles que j'entrevois dans le bâtiment affichent cet air béat de ceux qui vivent une expérience enrichissante, avec la tête dans les nuages, et c'est précisément ce que je craignais : me retrouver dans une espèce d'atelier sur la pensée positive au milieu d'individus qui ne sont pas venus ici pour aider, mais pour se soigner eux-mêmes.

La sœur m'invite alors à visiter les lieux. Ah! oui, je peux? Elle me demande d'enlever mes gougounes, ce que je fais timidement (j'ai les pieds noirs de pollution «calcuttaise»), et m'indique la pièce à l'entrée.

Je m'avance sur la pointe des pieds et je tombe (ceci n'est pas un jeu de mots) sur le lieu de repos éternel de Mère Teresa. Là, sous le marbre blanc, dans une pièce toute blanche, devant moi, repose le corps de la Sainte Femme. LA Mère Teresa! Autour du tombeau, des sœurs en blanc, à genoux, se recueillent. Une image de Jésus plane au-dessus de la scène d'un paisible extraordinaire.

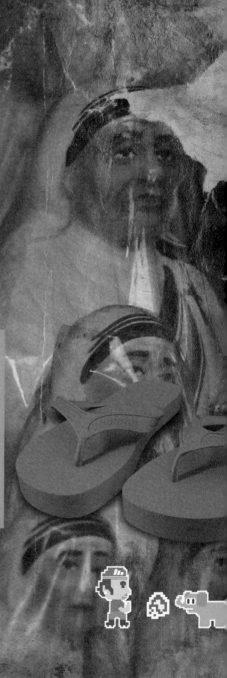

Vous m'auriez vu, avec mon sourire béat!

Malhabile, je suis allé m'agenouiller derrière les nonnes en prière pour essayer de réciter un «Jésus Marie». Peine perdue. Je ne me souvenais plus des mots. Et j'ignore pourquoi, je les mélangeais avec les paroles de l'hymne national du Canada. Rendu à «pleine de grâce», dans ma tête, ça tombait à «terre de nos aïeux». Le stress, sans aucun doute, de me savoir dans la même pièce qu'une sainte. Et dans le coin de la pièce, il y avait cette Japonaise, ou Coréenne, qui pleurait toutes les larmes de son corps, allongée à plat ventre sur le sol.

Puis, c'est venu me chercher. Une force vive. Une grande énergie. Je n'ai pas compris d'où ça venait, ni ce que c'était, mais je l'ai senti remonter le temps, de mon enfance jusqu'à aujourd'hui. J'ai vu l'arbre, la famille, les cadeaux, la tourtière! C'est Noël! que ça a dit... C'est Noël!

Je l'ai reçu comme un boulet de canon dans la poitrine; comme une grosse taloche dans le front. Je suis devenu tout chose, ému comme lorsque mon fils Boris se frottait les yeux en se réveillant à minuit et découvrait les cadeaux sous l'arbre de Noël.

-Le père Noël est passé, Papa!!!

Je ne m'attendais pas à ça en Inde. Me faire offrir un si beau Noël blanc.

Je vous en souhaite un à vous aussi. Au nom du Père et du Fils et du Saint-Esprit.

— PHOTO —
NOËL BLANC À CALCUTTA :
LA MULTIPLICATION DES FIGURINES DE MÈRE TERESA...
• BRUNO BLANCHET •

CHRONIQUE
— 072 —

Tordus de rire

31 DÉCEMBRE 2005
— **CALCUTTA, INDE** › 06-K —

Allô ! Vous avez passé un joyeux Noël ? Il vous reste encore de la dinde dans le frigo ? Nous autres, à Calcutta, on s'est bourré la face de poulet *tikka masala*, de pain nan et de *lassi*, puis on a fini ça sur le toit de l'hôtel, sur la grosse *Kingfisher*, à danser nus autour d'un sapin en plastique, au rythme du sitar.

À propos, vous êtes plusieurs à m'avoir souligné que Calcutta ne se nomme plus ainsi et que, désormais, nous devons dire « Kolkata » quand nous parlons de Calcutta. Personnellement, je vous avoue que je préfère appeler Calcutta « Calcutta », parce que Kolkata ne veut rien dire pour moi. Alors que Calcutta, c'est *La Cité de la joie*, c'est la ville des films de Satyajit Ray, c'est un endroit où je ne croyais jamais mettre les pieds. Voilà. Je suis un vieux colon parfois. Mais je vais faire un effort pour utiliser le terme « Bengali », c'est promis.

Kolkata, disions-nous donc, est un endroit qui ne se laisse pas apprivoiser facilement, non Monsieur ! Stressant au max, c'est sale, bruyant avec un point d'exclamation, et ça pue tellement, que ça pue même au marché de fleurs (dommage !). Difficile d'y voir, au-delà de l'agression, du chaos et de la pollution, un quelconque intérêt qui vous inciterait à y passer plus de trois jours. Sans compter les inévitables problèmes de santé et les toilettes publiques impossibles à trouver... Wouf wouf ! Traînez-vous un petit sac et du papier.

— PHOTO —
LE MARCHÉ DE FLEURS À KOLKATA.
• BRUNO BLANCHET •

Puis un matin, bingo ! vous sortez sur la terrasse, le soleil brille, le café est bon (les crampes ont presque disparu !) et, devant vous, un homme en bobettes avec une barbe de ZZ Top orange fluo et une casserole sur la tête passe à quatre pattes, complètement inaperçu, dans la rue (imaginez ce qui l'entoure). Du coup, votre bulle éclate. Paf ! Vous riez. Ha ha ha. Plus fort. HA ! Sans retenue. HA HA HA !

La tension s'estompe. Vous venez de comprendre qu'ici, vous êtes le fou. Vous êtes celui qui souffre. Vous êtes celui qui persiste à s'accrocher à son éducation catholique, à ses valeurs occidentales, à ses jugements anticipés.

Basta! Et vive la liberté! Vous êtes prêts pour les Laughing People.

Les Laughing People sont un groupe d'individus de Kolkata qui vont rire chaque matin, à 6 h précises, au parc Rabindra Sarovar. Rire, vous avez bien lu! Je n'ai pas besoin de vous vanter les vertus du rire, mais à quoi cela rime-t-il, en groupe, et sous forme d'exercice?

Je suis allé voir, rien que pour vous! Même si j'ai l'estomac un peu fragile. C'est dire combien je vous aime…

6 a.m. Les oiseaux gazouillent. Le soleil ouvre timidement un œil. Il fait frais. Sur un tableau noir, derrière la petite scène aménagée au centre du parc, une phrase accueille le groupe: SOYEZ JUSTES ET N'AYEZ PEUR DE PERSONNE.

«Et surtout pas de vous-même», ajoute (en anglais) le professeur à la quarantaine de participants massés devant lui.

«*Up, everybody!*»

Tout le monde se lève. J'hésite parce que je crains que mon système digestif ne soit trop… lousse. Je reste assis, à l'écart du groupe. Le professeur me fait signe de joindre la bande. J'envoie la main. Il insiste. Je secoue la tête et lui indique mon ventre, en mimant une explosion. Il insiste encore, en faisant remarquer ma présence aux autres. Les étudiants se retournent et m'aperçoivent. Merde, trop tard pour me sauver en courant (ce dont je serais incapable, de toute manière)! Un homme me prend par le bras et m'attire sur le terrain. Ai-je le choix? Le prof me fait un clin d'œil, que je traduis par «Inquiète-toi pas, ça fera pas mal».

— PHOTO —
MOI, SALUANT MES VOISINS
SUR LES TOITS DE CALCUTTA
OU KOLKATA.
• BRUNO BLANCHET •

Mais c'est pas à moi qu'il faut dire ça : c'est à mon estomac !

Le cours commence par des exercices de respiration profonde, suivis d'étirements faciles. Je tiens bon. Les hommes portent le veston ou l'ensemble sport, les femmes le sari et, franchement, tout le monde a l'air normal. Dans le sens, sain d'esprit et de corps. Sauf que ça se gâte rapidement…

Après s'être pliés et dépliés (aux ordres du prof), tous se lancent spontanément dans une série d'expirations sonores qui ressemblent à des beuglements ridicules. « Meuh-froum-froum ! Meuh-froum-froum ! », qu'ils font en se branlant le bassin.

« Meuh-froum-froum ? » Vraiment ? Est-ce l'équivalent humoristique du transcendantal « Hare Krishna » ? Mon voisin m'invite à « meuh-froum-froumer » avec lui. On se place l'un devant l'autre et on se « meuh-froum-froume » dans la face.

Wow! Après une dizaine de « meuh-froum-froums », comme si je venais de me réveiller d'un coma, je découvre tout à coup que 40 Indiens adultes qui font des « meuh-froum-froums » en secouant le bassin à 6 h du matin dans un parc, c'est drôle en *tabar*…

Et je ne suis pas le seul. Au bout d'un moment, nos « meuh-froum-froums » se muent, à l'unisson, d'abord, en petits rires secs, puis en bons rires francs et, finalement, en de gros rires gras et en fous rires hystériques! Le voisin me braille de rire dans les bras et me morve sur l'épaule, le monde se roule par terre, hurle de rire, c'est le délire! Quelle façon élégante de terminer une année extraordinaire.

On s'en souhaite une autre? Je vous embrasse sur la joue. C'est peut-être contagieux…

Froum-froum-meuh!

Rien
du tout

Que fait-on quand on croit qu'aucune créature vivante ne devrait jamais être tuée, du pou au moustique, du rat à la méduse, que posséder quoi que ce soit nuit à l'élévation spirituelle et que tout confort est un obstacle à l'atteinte du nirvana? D'abord, on se promène tout nu. Tout le temps. On balaie la terre devant ses pieds, quand on marche, pour ne pas écraser de fourmis; on dort à même le plancher, sans couverture; et on se nourrit uniquement de végétaux cueillis au-dessus du sol (creuser la terre pourrait tuer un insecte) ou au pain sec et à l'eau. Certains éviteront même de manger ou de boire, pour ne pas tuer de micro-organismes… Et ils mourront de faim, éventuellement. Bienvenue chez les Jaïnistes.

Allan, un joyeux luron d'Angleterre, 62 ans, électricien, part chaque année faire ses trois ou quatre mois de *backpacking*. Son trip ? Les choses étranges dans les pays *weird*. Je l'ai rencontré au petit-déjeuner, au resto du coin, et il m'a parlé de ses visites au temple jaïniste de Calcutta. Fantastique! Lorsqu'il m'a décrit la scène du repas du prêtre, le matin, j'ai failli tomber en bas de ma chaise. Je n'en croyais pas mes oreilles! Il m'a proposé d'aller y faire un tour. J'aimerais bien, mais je dois passer à la gare cet avant-midi acheter mon billet de train pour Varanasi.

À l'arrivée au temple (à la station de métro Belgachia), nous devons nous départir de tout article de cuir, enlever nos chaussettes, nos souliers et nous laver les mains et les pieds.

« Où est le Sith (gourou) ? », demande Allan au petit bonhomme à l'accueil. « Il est là-bas, en train de manger », qu'il nous répond en souriant.

Aussitôt qu'il a le dos tourné, on s'y rend en courant.

- Tu es certain qu'on a le droit, Allan ?

- T'en fais pas ! Ils sont peace and love…

Dans le temple, une trentaine de femmes en sari traditionnel sont massées, debout, autour d'un homme qu'on ne voit pas. Nous ne sommes pas autorisés à entrer, mais des fenêtres ouvertes nous permettent d'observer la scène de près. De trop près à mon goût, et j'en suis un peu gêné… Les femmes portent chacune un plateau avec de la bouffe, et c'est la cohue pour arriver à s'approcher de l'individu en question, parce que réussir à nourrir le gourou porte chance. Pendant un bon moment, nous regardons la scène en silence — rien de spécial à souligner —, jusqu'à ce qu'une femme nous remarque à la fenêtre. Excitée, elle gueule quelque chose au groupe. Ça y est Bruno, que je me dis ! Tu vas te faire mettre dehors…

« Come on, Bruno, *fack that* ! Varanasi peut attendre ! Je vais même te présenter le prêtre ! », qu'il m'a promis.

« Est-ce qu'on pourrait arriver à temps ce matin pour le voir manger ? » Il consulte sa montre.

Go !

Au contraire! Toutes les femmes se retournent, nous saluent, nous sourient, et le groupe se déplace de manière à ce qu'on puisse mieux apercevoir le gourou. Le choc! Au milieu d'elles, un gars debout, poilu, tout nu. Il nous souhaite la bienvenue. Ses yeux sont doux, son sourire sincère, et j'essaie de le saluer sans regarder sa quéquette. C'est ardu. Même si je ne veux pas la voir, mes yeux me trahissent. C'est comme découvrir un petit animal qu'on ne voit pas souvent dans la nature. Un écureuil albinos, un tarsier, un lémur... Les femmes nous observent en rigolant (ici, nous sommes les étranges!) pendant que le gourou prend de la main

droite chaque offrande, vérifie s'il n'y a pas de corps étranger vivant dedans, porte la main à sa joue (une bénédiction?), et avale la bouchée qu'il mâche longuement. Il tend ensuite les bras pour qu'on lui lave les mains. Tout se fait en silence, avec sobriété, mais dans un climat de bien-être et de bonheur total qui vous fait oublier pour un instant que cet homme, dans la vie, n'a rien. Rien d'autre.

Pensez-vous que le pape...?

Après le repas, le gourou nous a invités à le suivre à l'extérieur. Nous avons fait le tour du temple, accompagnés du groupe qui chantait et dansait autour de lui. Surréaliste! Puis, le gourou a pris place sur son piédestal et il nous a fait asseoir au premier rang, devant tous les fidèles. Et pendant une heure et demie, à poil, il a répondu à nos interrogations sur le paradis, l'enfer, le pardon, la méditation... Un super beau cadeau. De la part de quelqu'un qui n'a rien du tout.

«Nous nous reverrons», a lancé le gourou, alors que nous quittions ses quartiers. Allan et moi, on s'est regardés en riant, incrédules.

«Je vous l'assure, a-t-il ajouté, car c'est écrit dans votre cœur.»

Ça, je le souhaite bien, mon cher gourou.

Les charmeurs de cobras

**14 JANVIER 2006
— CALCUTTA, INDE › 06-K —**

Ce matin, une Française est entrée au café et elle a crié : «Putain, les mecs, c'est pas possible, il y a un charmeur de cobras dans la rue Sudder, un barbu avec une flûte assis derrière un panier, comme dans les vues!» (Quand j'y repense, je doute qu'elle ait dit «comme dans les vues», mais en tout cas, j'ai accouru.)

Il y avait bel et bien des cobras, des vrais. Le charme, malheureusement, faisait cruellement défaut : le barbu en question manipulait les serpents comme s'il s'agissait de vulgaires bébelles de caoutchouc. Il les sortait du panier et les garrochait sur le trottoir, flic flac, il leur sacrait des claques pour les faire réagir. Ouache. Devant autant d'indélicatesse, on se dit immédiatement qu'il a fallu leur enlever les crocs pour les barouetter d'même. Et du coup, une fois la notion de danger évacuée, on se retrouve vite devant un cliché.

Décevant...

—VISUEL —
BILLET D'ENTRÉE
D'UN MUSÉE.

INDIAN MUSEUM, Kolkata

Founded 1814, the earliest Museum of India

Admission fee Rs. 150/-

Parlant de déception, si nous revenions au dossier du bénévolat chez les Missionnaires de la Charité? Vous étiez nombreux à vouloir que je donne suite à l'aventure Maman Teresa. Alors, je suis retourné au mouroir, juste pour vous, parce que la première fois que j'y suis allé, je n'y avais pas cru et je ne voulais pas y retourner. Autant j'avais été ému devant le tombeau de Mère Teresa, autant, quand j'ai découvert, après la prière de 8 h, qu'il n'y avait pas assez d'assiettes à distribuer aux mourants pour le nombre de bénévoles sur place, je me suis demandé sérieusement ce que j'étais venu faire là. Et ce qu'eux faisaient ici.

«Pardon, les anges, chez vous, y'en a pas du monde qui crève de faim? Qui souffre? Qui sont seuls et qui auraient besoin de vous?»

Parce qu'ils viennent de partout sur la terre — beaucoup sont de l'Asie —, afin de se réclamer du modèle de bonté. Est-ce pour pouvoir ensuite claironner des «Moi, je suis allé aider les pauvres chez Mère Teresa», «Moi, j'ai vu des gens mourir, moi», «Moi, j'ai torché des lépreux, moi»?

— PHOTO —
LE CHARMEUR CHARME LE SERPENT,
LE SERPENT CHARME LES GENS,
LES GENS DONNENT DE L'ARGENT...
ET L'ARBRE EST DANS SES FEUILLES...
• BRUNO BLANCHET •

«Hon, t'es donc ben fin !» leur dira matante qui ignore, of course, que leur acte de générosité a duré cinq demi-journées et que la suite de leurs six mois en Inde a été passée à Goa, à gober de l'extasy, ou à Varanasi, *stoned* raide sur le bang lassi. La vision obscurcie par le saint écran de fumée, qui songera à se demander ce que les Indiens eux-mêmes en pensent et à se poser des questions plus délicates comme : «Si personne n'est payé, où va l'argent ?»

Une Allemande, Ilsa, qui a travaillé à la comptabilité de la Mission pendant 4 ans, prétend que les bénévoles ne sont absolument pas nécessaires en aussi grand nombre à Calcutta.

- Ils se mettent à trois pour tordre un drap mouillé !

Il est clair, selon elle, que c'est devenu un phénomène de mode, un pèlerinage pour back-packers en quête de sensations fortes.

- Mais il y a aussi de vraies bonnes personnes dans le groupe, Bruno. C'est le système qui fait défaut. On devrait les orienter vers nos missions d'Afrique, où l'aide serait véritablement appréciée.

Donc, moins énervé, je suis retourné au mouroir et j'y ai rencontré deux Québécois, de Gatineau, qui y croyaient, eux. Ils aiment ça chez Mère Teresa. Ils travaillent fort. Tous les jours. Ils ont passé Noël et le Jour de l'an à laver des malades. Ils ne pensent pas faire une véritable différence, mais ils estiment que c'est l'addition des petites actions qui en fait de grandes. Est-ce suffisant ? demandent-ils.

Oui, les boys. Merci. Et on dira bien ce qu'on voudra de Mère Teresa, l'important, au fond, est-il de croire au charmeur ou au cobra ?

Ou de croire, tout simplement.

Coq-à-l'âne au pays des vaches sacrées

21 JANVIER 2006
— **CALCUTTA, INDE** › 06-K —

Huit heures, dimanche matin. Le soleil se faufile entre les rideaux de la chambre 26, un joli penthouse, sur le toit de l'hôtel Astoria. *Home Sweet Home*! Ça m'aura pris deux semaines et six hôtels, ou trop bruyants ou trop sales (ou les deux!), avant de trouver ce petit logis paisible à un prix raisonnable (22 $), en plein centre-ville, avec cuisine, salon, terrasse, fleurs et corneilles à profusion. Le soir, des dizaines d'entre elles se donnent rendez-vous sur la corde à linge, et on se croirait dans le film *The Birds*, de Hitchcock!

Un petit café au lit? Merci! Le journal *Times of India* est glissé sous la porte. Aaaah... Tout ce qu'il me manquait!

Fameux, les journaux indiens : meurtres, vols, incendies et émeutes, illustrés en couleurs, comme si vous y étiez. Dans la section des sports : criquet, criquet, criquet et échecs, avec tout plein de clichés excitants de joueurs d'échecs qui pensent... Du sport? Mettons que ça change des photos de Chris Nilan qui plante un gars dans la bande.

— **VISUEL** —
DÉTAIL D'UNE FACTURE
D'HÔTEL À CALCUTTA

Arts et spectacles? Deux vedettes de Bollywood amoureuses, deux autres qui seraient fâchées, une star qui aurait perdu 10 kilos (une photo retouchée au airbrush?) et un acteur qui tentait de briser son propre record de redressements assis et qui se serait fait une hernie. Fascinant.

Annonces classées? «Urgent, homme de 56 ans recherche rein, A positif.» Bizarre? Pas du tout. Le marché du rein est très lucratif en Inde. Paraît qu'un rein va chercher dans les 800 $US...

Et savez-vous combien coûte un journal en Inde, avec toutes ces belles photos couleur et informations? Une roupie. En termes canadiens, trois sous noirs! Comment font les journaux pour survivre? Aucune idée! Surtout qu'ils y arrivent avec encore moins d'espace publicitaire que dans nos quotidiens...

— PHOTO —
DANS LE TEMPLE KALIGHAT, À CALCUTTA,
ON VIT, ON MANGE, ON PRIE, ON SACRIFIE
OU ON COURT COMME CE PETIT GARÇON.
• BRUNO BLANCHET •

Par contre, ce qui est vraiment préoccupant ici, c'est la surutilisation du papier. En plus des dizaines et des dizaines de journaux qui paraissent chaque jour, la bureaucratie, ici, est d'une lourdeur kafkaïenne et rien, absolument rien, ne se fait à l'ordinateur. Formulaire de ci, formulaire de ça, signez ici, signez là... Aaaah! Un exemple? À chaque fois que vous débarquez dans un hôtel pour louer une chambre, vous devez remplir le *Grand Livre*, où l'on vous interroge sur votre prochaine destination, sur le prénom de votre père, le nom de fille de votre mère, votre métier, votre tribu, votre salaire, votre sexe, votre statut légal, vos hobbys, votre pointure de soulier (je peux-tu juste avoir de l'eau chaude?), et bien d'autres choses encore; et il faut que tout soit écrit lisiblement, sinon, tu recommences! Puis l'homme à la réception remplit ensuite lui-même un formulaire (en trois copies avec du papier carbone) qui reprend sensiblement les mêmes questions, plus le numéro de passeport, le numéro du visa, etc.; et vous pouvez être certain qu'à chaque fois, le tout durera une bonne quinzaine de minutes, minimum. Épuisant...

À la fin, l'homme vous présente le formulaire final où, tout en bas, il y a deux lignes pour apposer des signatures: la vôtre (*CUSTOMER*) et celle du gérant (*MANAGER*). Je signe toujours sur la ligne «MANAGER».

NOOON!!! hurle l'employé.

Ça les fait capoter! Badtrip total! Et là, ils regardent le formulaire, découragés, ayayaye, en secouant la tête comme s'ils avaient de l'eau dans les oreilles. C'est le mouvement de tête indien pour «non»... Et le mouvement de tête pour «oui»? C'est la même chose. Bonne chance!

Mais la surprise, c'est lorsque vous quittez l'hôtel: il y a un formulaire de départ à remplir! Vous l'auriez deviné...

Donc, le dimanche matin, après le copieux petit-déjeuner au muesli-miel, fruits et *curd* (du yogourt — toujours manger du yogourt le matin en Inde: d'abord, il est délicieux, puis c'est le remède parfait pour vous refaire une belle flore intestinale) — et quand le soleil resplendit, c'est le moment idéal d'aller payer une visite au temple Kalighat. 100 roupies, plus 20 pour l'achat de fleurs. Dans ce temple, tous les jours, en plein air, on pratique des sacrifices en l'honneur de la déesse Kali; et le dimanche est une journée bien spéciale pendant laquelle on égorgera 50 bêtes, du buffle à la chèvre et au mouton. S'y rendre est facile et sécuritaire (station de métro Kalighat), mais soyez sur vos gardes, dans la rue, à l'approche du temple: il y a beaucoup de drogués dans le coin qui, pour s'acheter de la dope, volent et vendent... les couvercles des bouches d'égout. Ffffiiit! Une seconde d'inattention et vous tombez dans le trou.

Et croyez-moi, le dernier endroit où vous avez envie de plonger, c'est dans les égouts de Calcutta.

Surtout le dimanche matin, en pantalon beige et en souliers blancs.

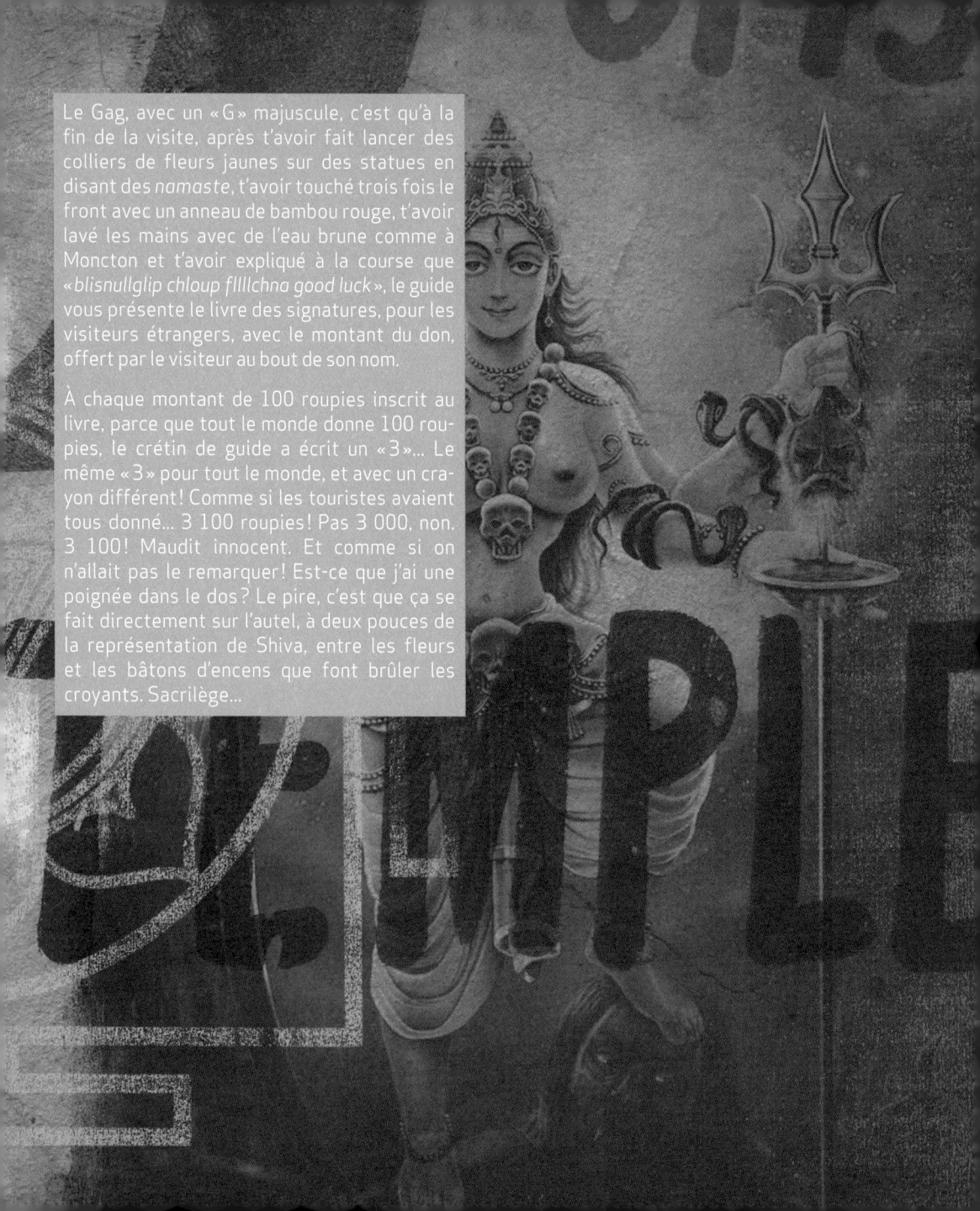

Le Gag, avec un « G » majuscule, c'est qu'à la fin de la visite, après t'avoir fait lancer des colliers de fleurs jaunes sur des statues en disant des *namaste*, t'avoir touché trois fois le front avec un anneau de bambou rouge, t'avoir lavé les mains avec de l'eau brune comme à Moncton et t'avoir expliqué à la course que « *blisnullglip chloup fllllchna good luck* », le guide vous présente le livre des signatures, pour les visiteurs étrangers, avec le montant du don, offert par le visiteur au bout de son nom.

À chaque montant de 100 roupies inscrit au livre, parce que tout le monde donne 100 roupies, le crétin de guide a écrit un « 3 »... Le même « 3 » pour tout le monde, et avec un crayon différent! Comme si les touristes avaient tous donné... 3 100 roupies! Pas 3 000, non. 3 100! Maudit innocent. Et comme si on n'allait pas le remarquer! Est-ce que j'ai une poignée dans le dos? Le pire, c'est que ça se fait directement sur l'autel, à deux pouces de la représentation de Shiva, entre les fleurs et les bâtons d'encens que font brûler les croyants. Sacrilège...

Leçon d'histoire. Kalighat, le temple de Kali, est ainsi nommé parce que, après son vilain combat avec le dieu Shiva, Kali la déesse mère destructrice et créatrice de l'hindouisme, aurait été découpée en 52 morceaux et son gros orteil serait tombé à cet endroit précis. On ne précise pas s'il s'agit du gauche ou du droit. La déesse Kali, qui a aussi donné son nom à Calcutta («Kalikata», le village originel), est surtout vénérée dans le Bengale et elle est souvent représentée tout en noir, en train de tirer la langue, avec des têtes décapitées dans les mains; pensez au bassiste de Kiss, avec une jupe, quatre bras et des fleurs dans les cheveux.

L'entrée au temple de Kali (comme dans n'importe quel autre temple indien) est une partie de cache-cache avec les faux prêtres et les pseudo-gourous qui essaient de vous soutirer un prix d'entrée exorbitant. Sachez que 100 roupies est le montant que laissent la plupart des visiteurs. Et surveillez votre porte-monnaie parce que les pickpockets s'assureront de vous prendre le reste.

Or donc, à l'approche du temple, en plus de faire attention aux bouches d'égout manquantes, il faut s'assurer d'avoir la ceinture bien serrée: les mendiants, assis par terre, essaieront de s'accrocher à vous et se faire arracher les culottes par une vieille lépreuse n'est pas une bonne façon de commencer la journée.

Coq-à-l'âne au pays des vaches sacrées – suite et fin

CHRONIQUE

— 076 —

Une fois terminée cette épreuve psychédélique digne de Fort Buyard, on peut enfin se diriger vers l'abattoir... Dans l'enceinte du temple, les enfants courent de tous bords tous côtés, crient et s'amusent comme des fous. On est bien loin de nos églises silencieuses... Ici, c'est la fête! Et qu'est-ce qu'on célèbre? La mort!

Schlac! Un grand couteau incurvé tranche le cou de la chèvre. Le sang gicle. La tête tombe d'un côté et le corps de l'autre. Le corps de l'animal gigote pendant une bonne trentaine de secondes, insupportables.

Les croyants se précipitent dans la mare de sang et, *Palmolive vaisselle*, leurs mains trempent dedans. Ils s'appliquent ensuite le sang sur le front, flic flac, et poursuivent les gamins pour leur faire la même chose. Pendant ce temps, un homme récupère la carcasse de la bête, la vide de ses entrailles et la vend au plus offrant. Ouf! Je suis sorti dans la rue, j'ai respiré un grand coup, et je me suis senti... comme à la maison. Étrangement confortable et tout! À Calcutta? Oups.

La petite lumière rouge s'est allumée : ceci est un signal qui ne trompe pas.

-Voilà ta mission accomplie et il est temps de partir, Vagabond!

Et où est-ce qu'on s'en va, patron?

-À Dhaka, au Bangladesh! À côté, y paraît que Calcutta, c'est de la petite bière!

Espérons juste qu'y en ont d'la frette.

P.-S. Avant de quitter Calcutta, je m'en voudrais de ne pas vous recommander une visite de la Cité de la Joie, de l'autre côté du pont, dans Howrah — autobus 24 jusqu'à Pilkhana, cinq roupies —, une balade bouleversante qui vous fait réfléchir sur le sens de la vie dans un dépotoir...

J'adore le Bangladesh

Premier matin. Bodot, bondou ou bundo: à chaque fois, dans mes oreilles, ça sonnait un peu comme Bruno et je me retournais en croyant qu'on s'adressait à moi. C'est bien à moi qu'on s'adressait. À tous les 10 mètres. Aux trente secondes. À Dacca, capitale du Bangladesh? De quessé?

J'ai cru au départ que «bodot» signifiait un truc comme «farang», terme utilisé en Thaïlande, souvent de façon péjorative, par les locaux pour désigner un étranger (comme le gringo mexicain ou le wei lang — fantôme blanc — chinois). Au bout de quelques heures, à chacun des «bodot-bondou-bundo» que je me faisais crier, exaspéré, j'avais de plus en plus envie de répondre par une expression québécoise colorée qui commence par un gros mot et qui finit par une partie du corps. Heureusement que je suis demeuré zen (que j'en entende un seul dire que je suis énervé!). Parce que «bodot (bandhu)», mon cher, ça signifie «AMI».

En attendant Bodot

D'abord, petit retour sur l'Inde où j'ai été difficilement capable d'objectivité parce que j'ai détesté le pays en y posant le pied. Patrick et Marquis m'ont reproché, avec raison, mon attitude inutilement trash vis-à-vis du bénévolat à la mode chez Mère Teresa (Marquis m'écrit, au sujet des bénévoles, que «s'ils ont "torché" un seul vêtement, eh bien, c'est mieux que de rester assis et de regarder des conneries à la télévision»). Les autres, de fanatiques religieux troublés à amoureux déçus (l'Inde suscite des passions!), m'ont fait comprendre que l'Inde m'avait peut-être surpris dans un état d'esprit adverse et avait brassé ma cage comme aucun autre endroit ne l'avait fait précédemment. Paf! Une bonne claque dans la face! Et du piment dans mes cornflakes! On m'avait pourtant prévenu que l'Inde avait beaucoup plus à offrir que la première impression qu'elle vous laisse. Sauf que cette première impression possède un foudroyant pouvoir de persuasion... Suis-je fatigué? Toujours est-il que je suis tombé dans le panneau. Nono.

Oui, Monsieur Talbot, j'y retournerai un jour (en mars: Varanasi, Darjeeling, Mumbai) avec le sac moins lourd de préjugés (il faut effectivement que j'apprenne à sourire quand on me bouscule pour prendre mon siège dans l'autobus). Mais en attendant, sachez que le fait que vous aimiez l'Inde ne transformera pas l'eau grise en vin; et que ce n'est pas parce que vous aimez les Indiens que j'en marierai un. Essayons maintenant de comprendre pourquoi j'adore le Bangladesh.

40PTS

Cent quarante-cinq millions d'individus dans grand comme Anjou, le Bangladesh est le pays le plus densément peuplé du monde. À Dacca, la cité des 100 000 *rickshaws*, il y a à peine de la place pour se pencher (ce qui est tout a fait étonnant car, en voyant la gang qu'il y a ici, on ne peut s'empêcher de se dire qu'ils doivent le faire très souvent : d'ailleurs, le temps d'écrire cette parenthèse et ils sont 146 millions).

Ami! Ami! Ami!

Les cris fusent de partout! Un tourbillon! Je m'arrête, serre des mains, « *Asalamu alaikum* », m'assoie au magasin, serre des mains, rencontre des familles, me présente, « Je viens du Canada », serre d'autres mains, « Mon *namki*? C'est Bruno! », bois le thé, échange des adresses, prends rendez-vous pour le lendemain, offre un crayon, reçois une brosse à cheveux (!), serre encore des mains... AAAAAH!

Hier matin — et ce n'est pas une farce —, un jeune d'une vingtaine d'années à qui j'avais donné une orange m'a suivi, sans rien dire, pendant trois heures. Ou plutôt non : il s'empressait de dire à tous ceux qui me saluaient que je venais du Canada.

« *He name Bruno, he Canada!* »

Trois heures! J'ai eu beau faire toutes sortes de détours étranges et inattendus, hop, il m'attendait au coin de la rue... J'ai été obligé de prendre une barque et de traverser la rivière pour le semer.

Une chance qu'il ne savait pas nager, sinon, il serait ici ce soir, debout derrière moi, en train de me regarder vous écrire...

« Eh...t'as rien d'autre à faire, Rachid ? »

« *He name Bruno, he Canada!* »

Va falloir être patient. Ils sont trop fins, les musulmans.

CHRONIQUE
— 078 —

Bruno
chez les musulmans

25 MARS 2006
— DACCA, BANGLADESH › 05-L —

— VISUEL —
DÉTAIL D'UN
BILLET D'AUTOBUS.

La semaine dernière, en conclusion de chronique, j'écrivais «sont trop fins, les musulmans». Je trouvais ça *cute*. Oh oh! C'était avant les réactions démesurées aux caricatures danoises... D'ailleurs, au moment où l'on se parle, brûle l'ambassade du Danemark au Liban! Or, sachez, lecteurs aimés, que ces incidents malheureux ne changent en rien mon opinion : depuis dix jours, je ne vois plus les actualités de la même façon. Depuis que j'ai failli mourir.

Je partais en direction du Bangladesh, ce pays à forte majorité musulmane (80 %) aux prises avec des problèmes de corruption grave (cinq ans d'affilée, il a été désigné le pays le plus corrompu de la planète... Un record Guinness!), ce pays où, il y a quelques mois, 500 explosions simultanées dans 450 lieux différents faisaient trembler la nation au grand complet, ce pays que personne ne veut vraiment visiter parce que c'est réputé laid, sale et dangereux. J'éprouvais une crainte que j'avais beaucoup de difficulté à dissimuler...

Vendredi. Le temps est trouble. Lourd. Le brouillard dense a une texture de velours ou de pouding au caramel. J'ai faim et je suis écœuré de tout ce qui rime avec «curry». À la frontière, devant les militaires, je me hâte de déposer mon passeport sur le bureau (six contrôles entre l'Inde et le Bangladesh!) parce que ma main tremble. Encore une fois, qu'est-ce que je viens faire là? On étampe mes documents. *Free to go!* Bonne nouvelle. Mais mon visa expire le 06-06-06. Diable... 666! Je ne suis pas superstitieux, mais je n'aime pas ça. Allez comprendre.

La route du côté du Bangladesh est impeccable. L'autobus est en bonne condition. Alors, on trace. On fend la brume en direction de Dacca, en plein centre de la route à deux voies, sans doute pour éviter d'écraser quelqu'un au bord du chemin. Mais le conducteur exagère : il roule beaucoup trop vite pour les conditions météorologiques.

L'autobus évite à la dernière seconde un face-à-face avec un camion. Chanceux, je suis assis au premier rang, derrière le sans talent de conducteur, juste au bon endroit pour voir, immédiatement après, le terre-plein surgir de nulle part et arracher la moitié du pare-chocs avant. Boum crash !

L'autobus fait un disgracieux 180 degrés et s'immobilise à quelques centimètres d'un fossé profond. Des passagers enragés bondissent en hurlant et attaquent le conducteur, d'autres s'interposent, les bancs se vident, c'est la bataille générale.

Je me dis que, si je sors de ce bordel vivant, plus jamais je ne serai un mauvais garnement. Dieu, fais quelque chose ! L'homme assis derrière moi se lève. Sombre individu, barbu, il a le profil du musulman classique inquiétant, full Ben Laden. Sur un ton ferme, sans crier, il lance un appel aux belligérants :

« *De kessessa ? Ar tevou la ! Padi Zafir a Fir Divan Lah Vzit !* »

De l'arabe ? Entoucas, ça fonctionne. Le combat stoppe dans la seconde et, en silence, les gens retournent s'asseoir (l'air honteux, ma foi). L'homme — le sauveur — pose la main sur mon épaule. Ses yeux bleus sont étonnamment doux. Sa voix aussi. « *Are you OK, brother ?* »

Trois jours plus tard, moi aussi, j'avais honte : tout ce que je m'étais laissé convaincre de croire au sujet des musulmans devait prendre le bord de la poubelle.

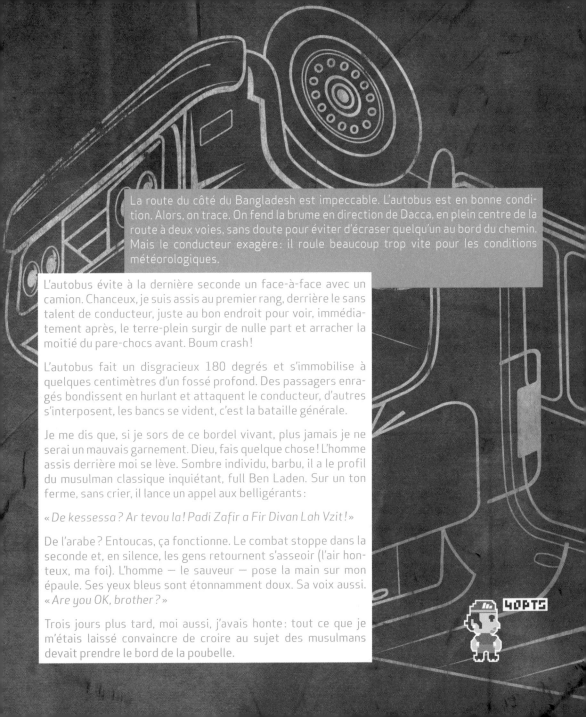

4OPTS

Dans une mosquée

J'avais passé l'avant-midi à la mosquée Kakrail avec un groupe de *tabligh jamaat* (j'entame les recherches sur ce groupe pan-islamiste) et je marchais sur un nuage. L'homme de l'autobus, le docteur Moustafa, chirurgien d'Arabie saoudite (et cousin du roi), m'y avait invité. J'avais d'abord refusé «de peur de déranger». Il a insisté («*Kestufela! Te bin tata!*»), affirmant que j'allais peut-être passer à côté d'une chance inouïe et, j'ignore pourquoi, mais je l'ai cru. Bravo. Je n'ai jamais été aussi bien reçu de toute ma vie. Comme un prince? Non. Comme un frère.

Je me pince. Est-ce réel? Je suis assis dans une mosquée, au milieu d'une centaine de musulmans, à boire du café arabe et à écouter l'*Alim* (docteur de la foi et singulier de *ulema*, amis cruciverbistes).

– Ne regarde pas l'individu, vois l'islam. «Musulman» signifie «soumis à Dieu». Un musulman est voué à l'amour de son prochain. Les extrémistes ne sont pas des musulmans: ils sont des mécréants.

À mon départ, les accolades sont trop nombreuses pour ne pas être vraies. Les poignées de main, trop chaleureuses. Les regards, trop tendres.

«*Ti Arvin Drah!*» me crie le Doc à la fenêtre, la main sur le cœur.

Oui, je reviendrai…

Et ce sera le début d'une étrange histoire.

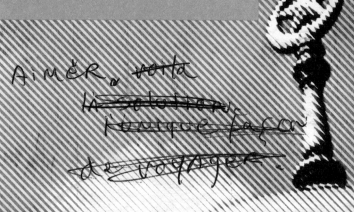

Aimer, n'etta
La solution unique façon
de voyager.

— PHOTO —
UNE SCÈNE QUOTIDIENNE
DU BANGLADESH.
• BRUNO BLANCHET •

CHRONIQUE
— 079 —

Du cinéma fantastique

Le Bangladesh n'est pas soumis à la loi islamique, la charia, mais il demeure un pays conservateur en titi. À Dacca, les distractions nocturnes auxquelles nous sommes habitués, en Occident, n'abondent pas. À part les quelques clubs privés réservés aux employés des missions étrangères et aux happy few bengalis, il n'existe ici aucun endroit où faire la fête. Aucun endroit où prendre un verre. Oh si! Le bar du Sheraton sert, uniquement aux hommes, de la bière tablette à 8 $ US la canette. Mais quand vous savez que 8 $ représentent le salaire hebdomadaire des trois quarts de la population (et que 45 % des jeunes sont sans emploi), vous trouvez indécent de le gaspiller sur du houblon pas bon dans un club unisexe éclairé au néon. Les salles de théâtre et les expositions sont quasi inexistantes, la scène artistique occupe à peine un quart de page dans les quotidiens et les musées sont fermés le soir et plates le jour. Que reste-t-il?

Vous avez deviné ! L'industrie du film de Dacca, la «Dhallywood»! Elle produit près de 200 films par an dont certains sont excellents, comme *The Claybird*, primé au festival de Cannes et premier film bengali en nomination aux Oscars, mais aussi, et surtout, une multiplicité de navets absolument enchanteurs pour tout amateur de séries B à Z et pour tout psychotronique qui se respecte (salut Hugues et Serge, et viva CIBL !).

D'abord, un des attraits du cinéma poche du Bangladesh, c'est de le voir en salle, au Bangladesh.

Les salles de cinéma sont aussi lamentables que les films, avec leur mobilier des années cinquante qui grince à chaque toussotement, leur poussière d'antan, leur va-et-vient incessant de spectateurs qui discutent comme s'ils étaient dans leur salon, leurs vendeurs de cigarettes, de bonbons et de stylos (?) qui se plantent devant vous au mauvais moment et leurs bobines qui brisent au moins trois fois par représentation.

Et les films ?

Le style est tellement particulier, comment vous décrire... Prenez une histoire classique: la soif de vengeance d'un petit garçon devenu grand, comme dans *Il était une fois dans l'Ouest*. Au Bangladesh, le film mettrait en scène le beau bon fort, le méchant laid épais, la super belle tarte et la toutoune cochonne. Il débuterait comme un drame policier, avec des gros bras, de la bagarre, des gros fusils, pow pow t'es mort, et beaucoup de sang. Puis, un des personnages se transformerait en cobra géant et ça deviendrait Godzilla contre Ultraman.

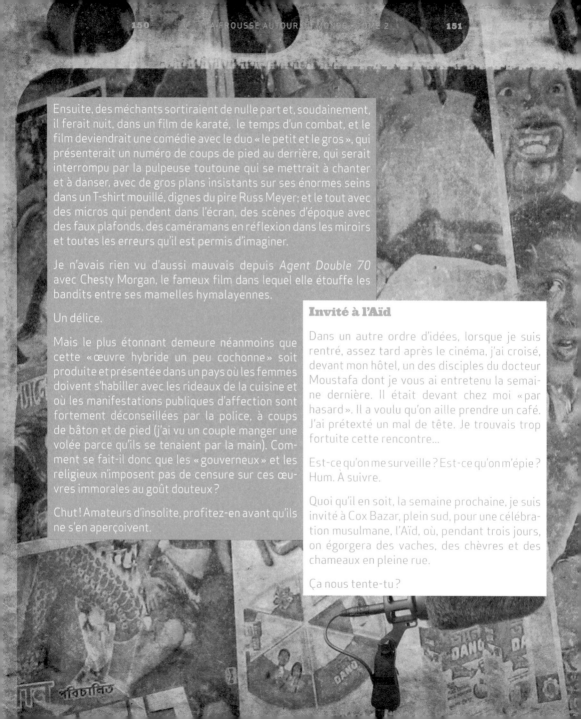

Ensuite, des méchants sortiraient de nulle part et, soudainement, il ferait nuit, dans un film de karaté, le temps d'un combat, et le film deviendrait une comédie avec le duo « le petit et le gros », qui présenterait un numéro de coups de pied au derrière, qui serait interrompu par la pulpeuse toutoune qui se mettrait à chanter et à danser, avec de gros plans insistants sur ses énormes seins dans un T-shirt mouillé, dignes du pire Russ Meyer; et le tout avec des micros qui pendent dans l'écran, des scènes d'époque avec des faux plafonds, des caméramans en réflexion dans les miroirs et toutes les erreurs qu'il est permis d'imaginer.

Je n'avais rien vu d'aussi mauvais depuis *Agent Double 70* avec Chesty Morgan, le fameux film dans lequel elle étouffe les bandits entre ses mamelles hymalayennes.

Un délice.

Mais le plus étonnant demeure néanmoins que cette « œuvre hybride un peu cochonne » soit produite et présentée dans un pays où les femmes doivent s'habiller avec les rideaux de la cuisine et où les manifestations publiques d'affection sont fortement déconseillées par la police, à coups de bâton et de pied (j'ai vu un couple manger une volée parce qu'ils se tenaient par la main). Comment se fait-il donc que les « gouverneux » et les religieux n'imposent pas de censure sur ces œuvres immorales au goût douteux?

Chut! Amateurs d'insolite, profitez-en avant qu'ils ne s'en aperçoivent.

Invité à l'Aïd

Dans un autre ordre d'idées, lorsque je suis rentré, assez tard après le cinéma, j'ai croisé, devant mon hôtel, un des disciples du docteur Moustafa dont je vous ai entretenu la semaine dernière. Il était devant chez moi « par hasard ». Il a voulu qu'on aille prendre un café. J'ai prétexté un mal de tête. Je trouvais trop fortuite cette rencontre...

Est-ce qu'on me surveille? Est-ce qu'on m'épie? Hum. À suivre.

Quoi qu'il en soit, la semaine prochaine, je suis invité à Cox Bazar, plein sud, pour une célébration musulmane, l'Aïd, où, pendant trois jours, on égorgera des vaches, des chèvres et des chameaux en pleine rue.

Ça nous tente-tu?

— PHOTO —
AFFICHES DE QUELQUES FILMS BENGALIS,
OÙ SANG, SEXE ET PARFOIS MÊME SPORT
FONT BON MÉNAGE...
• BRUNO BLANCHET •

En attendant la fête d'Aïd

25 FÉVRIER 2006,
— COX BAZAR, BANGLADESH › 05-L —

Dans le monde musulman, chaque année, se déroule une grande fête : l'Aïd el-Kebir. À cette occasion, il s'agit pour les croyants de consa crer un pourcentage de l'argent qu'ils ont gagné l'année précédente à l'achat de bétail à abattre (brebis, chèvre, vache, chameau), pour une distribution de viande aux pauvres, à la famille et aux voisins.

C'est la fête du partage.

C'est bien beau tout ça, n'est-ce pas ? Sauf qu'il y a un os. Bof, un détail vous direz, mais je tiens à le partager avec vous : les animaux, c'est « tout le monde ensemble à go ! », et on leur tranche la gorge, sur la rue, en face de la maison.

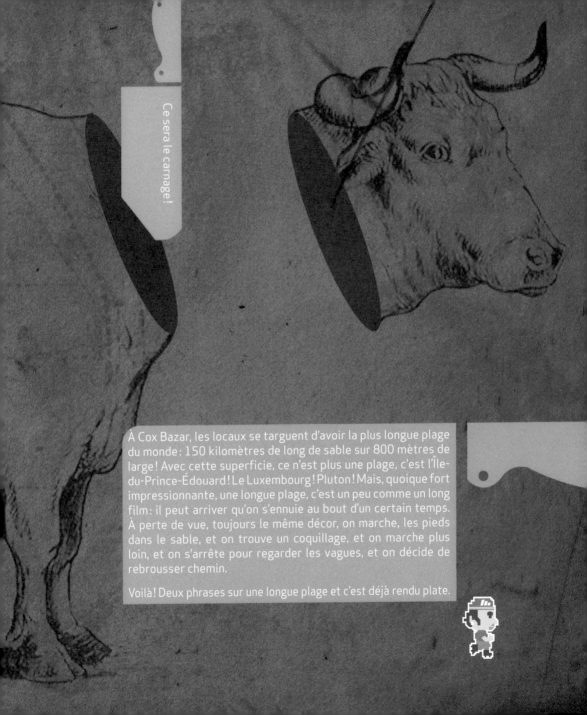

Ce sera le carnage!

À Cox Bazar, les locaux se targuent d'avoir la plus longue plage du monde : 150 kilomètres de long de sable sur 800 mètres de large ! Avec cette superficie, ce n'est plus une plage, c'est l'Île-du-Prince-Édouard ! Le Luxembourg ! Pluton ! Mais, quoique fort impressionnante, une longue plage, c'est un peu comme un long film : il peut arriver qu'on s'ennuie au bout d'un certain temps. À perte de vue, toujours le même décor, on marche, les pieds dans le sable, et on trouve un coquillage, et on marche plus loin, et on s'arrête pour regarder les vagues, et on décide de rebrousser chemin.

Voilà ! Deux phrases sur une longue plage et c'est déjà rendu plate.

Et ici, c'est à peu près tout ce qu'on a, une plage pour attirer les touristes... Car, comme ailleurs au pays, il n'y a vraiment pas beaucoup de travail dans la région, et on doit se débrouiller avec des bouts de ficelle et des restants de motons; ou sortir très loin en mer, au péril de sa vie, pour pêcher un poisson de plus en plus rare; ou, comme je l'ai tristement vu au port, aller capturer les requins au filet, les bébés comme les adultes, pour vendre des ailerons aux Chinois... Je comprends que ces pauvres gens doivent survivre, mais il faut arrêter ce massacre. Je n'ai pas de solution. Y'a-t-il un docteur dans la salle?

Mais c'est un peuple de débrouillards et, dans le domaine de la récupération, les Bengalis sont même parfois champions; par exemple, au marché, il n'y a pas de sacs en plastique: les sacs sont tous fabriqués avec des pages de journaux, repliées et collées, ou avec des feuilles de papier de toutes sortes, du rapport financier jusqu'aux travaux d'école primaire! C'est une idée géniale qui m'a permis de découvrir aujourd'hui, en achetant des oranges, que Masif, une fillette de huit ans, se brosse les cheveux le matin, puis aide sa maman à préparer le petit-déjeuner pour son frère et son père, qu'elle prend un *rickshaw*[11] pour aller à l'école, qu'en rentrant à la maison à la fin de la journée, elle va chercher de l'eau à la pompe. Et qu'elle fait très peu de fautes d'orthographe: 8/10.

[11] NdE: Véhicule sur roues tiré par un individu ou à pédales, qui permet de transporter 1 ou 2 personnes. Au Bangladesh et en Inde, les enfants s'y entassent à 8 ou 10 pour se rendre à l'école.

Retournons à nos moutons.

Donc, à Cox Bazar (moi aussi, je trouve que c'est un drôle de nom pour une ville, mais ici, ça n'a l'air de déranger personne), on se prépare à célébrer l'Aïd el-Kebir. Je suis invité chez la famille Haque, des «riches» du coin, propriétaires de plateformes pour pompes à essence de bateaux (des espèces de garages flottants, sans le câble qui fait ding! ding!) et autres *business*, comme un studio de photographie (le cadet est un artiste) et une fabrique de glace. Je l'ai visitée. Un conseil: au Bangladesh, ne mangez pas de glace.

Et la famille Haque est surtout connue pour son implication dans la communauté: monsieur Haque Père était l'ex-maire de la ville; il est décédé il y a huit mois.

Jalal, le fils aîné, fier de l'héritage de son père, m'amène derechef dans sa chambre et sort l'album de photos: il y a là son père devant une foule qui l'applaudit, son père en compagnie de Zia, celui-là même qui a déclaré l'indépendance du Bangladesh, et son père avec la veuve de Zia, c'est-à-dire la première ministre du pays!

Wow! Un homme très important, j'en conviens... Mais si Jalal tente de m'impressionner avec ça, autant qu'il sache que c'est un petit jeu qui se joue à deux.

Je lui demande alors s'il a Internet. Oui? Il démarre l'ordinateur, je surfe sur le Net et hop! Regarde bien, Jalal!

J'atterris sur la page de Bruno Blanchet, créée par mes amis René et Virginie, où il y a toutes mes meilleures photos de vedette de télé, dont une magnifique série, de moi déguisé en Anne-Marie Losique, avec ma perruque blonde, ma robe qui moule mes beaux gros faux seins et mon rouge à lèvres super sexy. J'ouvre donc la page «Anne-Marie» et, dans l'album, il y a moi en Anne-Marie qui se caresse sur un lit, il y a moi en Anne-Marie qui embrasse Marc Labrèche sur la couverture du *TV Hebdo*, il y a moi en Anne-Marie avec un gros dildo rouge.

Rouge comme le visage de Jalal! Je l'ai coincé entre l'ordinateur et le mur.

«Hein, mon Jalal? Tu ne sais plus quoi dire, maintenant? Est-ce que je suis assez *big* pour toi, mossssieur Haque?»

Ha ha ha! Mais non, j'ai pas fait ça...

Mais plus tard, j'ai presque fait pire.

CHRONIQUE
— 081 —

Un urgent besoin d'Aïd

4 MARS 2006
— COX BAZAR, BANGLADESH › 05-L —

La célébration de l'Aïd el-Kebir (version française de Eid-ul-Azha!) dans le monde musulman est une fête d'amour et de partage et, pareille à notre Noël, un prétexte idéal pour réunir la famille autour d'un bon repas, chez papa et maman. Au Bangladesh, cela se traduit par un brutal mouvement de masse des centres urbains vers les campagnes et, conséquemment, parce qu'ils sont 145 millions, cela résulte en une congestion indescriptible des transports. Pensez au métro Pie IX après un show de Pink Floyd, au Stade, et déployez le bordel sur l'ensemble d'un pays. Plus rien ne fonctionne! Les gens, désespérés de se rendre à leur village à temps, s'accrochent aux autobus, aux fenêtres des trains ou s'entassent dans des cales de bateaux pourris, au risque de ne pas se rendre du tout. Statistiquement, le Bangladesh est le pays où meurt le plus grand nombre de personnes par kilomètre « voyagé ». Manifestement, cela n'a pas l'air de les décourager.

Pour la famille Haque, se réunir ne représente aucun problème : toute la famille habite sous le même toit. Toute! Les mononcles, les matantes, la grand-mère, les petits-enfants, les cousines, envoye donc, tous partagent l'espace cuisine-salon-salle à manger du rez-de-chaussée et occupent les chambres à l'étage. La maison est plutôt grande, mais quand même... ils doivent être au moins 50!

Et ils sont tous là, dans le corridor, à me dévisager.

— PHOTO —
ICI C'EST PIRE QUE
LA 40 AUX VACANCES DE
LA CONSTRUCTION !
• BRUNO BLANCHET •

Jalal me présente au groupe (« *Salah Sé Brune Di Kibec Sti!* ») et tente de m'expliquer les liens qui les unissent.

« Lui, Aziz, c'est le mari de ma sœur Nicha et, elle, c'est Parmine, sa sœur, qui est mariée à mon oncle Pit (?), qui est le cousin de Mrissa, le père du petit gars qui t'a lancé le canard en caoutchouc dans le derrière de la tête quand t'es entré dans le salon. »

« Ah oui… Le petit Motahdzi. »

Après la séance de poignées de mains chaudes et de grandes tapes dans le dos, Jalal me présente enfin la reine du logis, la maman! Aaaah!!! Le tablier plein de farine, tout sourire, elle sort de la cuisine, la belle grosse madame et, pendant une fraction de seconde, sans doute emporté par l'ambiance familiale et les effluves de tarte à la papaye, j'ai le feeling qu'elle m'ouvre les bras, comme le ferait une maman de par chez nous qui voudrait vous squeezer les ouïes. Sans réfléchir, c'est le cas de le dire, je l'attrape par la taille et, en lâchant un gros « Allo, Mama! », je lui colle deux becs sur les joues. Smick smack.

Gros cave. En pays islamique, on lapide ceux qui envoient la main à la voisine. Ici, un étranger n'a pas le droit de parler aux femmes ! Moi ? Pff !

Je les embrasse.

Devant la maison, les vaches arborent de jolis colliers de fleurs. Elles ne se doutent pas que, dans quelques minutes, leurs entrailles seront répandues sur le pavé et que leur sang coulera comme l'eau d'une pluie torrentielle dans le dalot d'une allée de bowling de l'Enfer. C'est l'image qui me traverse l'esprit pendant les six interminables secondes de silence musulman qui suivent ma maladresse... Juste avant que la pièce ne s'illumine de l'éclat de rire de maman.

« *Ha ha ha ! Keskifè lahlah ElKeb ! Im Lichla Fass !* »

Hilarité générale.

Ouf ! Je suis sauf... Cette fois-ci !

La cérémonie du sacrifice et du dépeçage des bêtes dans la rue se déroule exactement comme prévu. Du sang partout, des indigents qui s'emparent des tripes et qui les vident de leur merde pour en faire des boyaux, des enfants sales qui jouent à se lancer des testicules de bœuf. Bref, une joyeuse boucherie.

Chez les Haque, pendant toute la journée, se succèdent à la porte quêteux et démunis qui viennent déguster un plat chaud ou quérir un sac de viande fraîche. De parfaits étrangers, souvent crottés à mort, que les Haque laissent entrer et nourrissent généreusement. Je trouve ça admirable.

« Jalal, c'est beau ce que vous faites ! On devrait tous s'en inspirer... »

Jalal rigole.

« Bien sûr ! Et si moi j'avais faim, demain, me laisserais-tu entrer chez toi, Bruno ? »

« Euh... »

L'hésitation me trahit. Il sourit.

« Tu as encore du travail à faire dans le domaine du cœur, l'ami Bruno... »

Je le sais. Mais je ne désespère pas.

La semaine prochaine, le Doc va s'occuper de moi.

Le Grand Saut

11 MARS 2006
— DACCA, DANGLADESH › 05-L —

Le deuxième rassemblement musulman du monde en importance — après le Haaj à La Mecque — est le Biswa Ijtema. Il se déroule pendant trois jours, une fois par an, à Dacca, au Bangladesh. Cinq millions de musulmans, et moi, et moi, et moi... Le Docteur M et sa bande de Tablig Jamaat — j'ai découvert entre-temps que les Tablig, dans l'exercice de la foi, seraient l'équivalent des Témoins de Jéhovah du monde islamique — m'ont invité à passer les trois jours avec eux. J'aurai un petit lit dans le coin, avec moustiquaire, je l'espère, parce que l'événement se tient aux abords de la rivière Kissanlamardh, et y a de la bibitte en masse.

Comment je me sens à l'idée de me retrouver seul, et très catholique, au milieu de millions de barbus qu'on associe plus aux explosifs qu'à la foi ? J'ai la frousse, évidemment ! Suis-je déraisonnable ? Suis-je pissou ? Vous n'auriez pas peur, vous ?

Mais comme la peur est un peu le moteur de cette série, je me mouille. À l'abordage ! Non mais, vraiment, quel est le pire qui puisse m'arriver, au fond ?

En y pensant bien, j'aime autant ne pas y penser.

À l'entrée du site, j'hésite un instant. Devant moi, une marée humaine. Rien que le temps de m'arrêter et de constater que je suis le seul petit blanc imberbe, 40 personnes ont stoppé pour me dévisager. Je dis 40, mais ça ressemble plus à 60. Puis 80. Puis 100.

Un homme vient me serrer la main (avertissement : il n'y aura pas de femme dans l'histoire). Après l'usuel « *What your Country ?* », il m'embrasse en me disant : « Merci d'être ici. Merci de ne pas avoir peur de nous. »

S'il savait !

La suite? Incroyable! Une file d'attente de musulmans qui veulent m'embrasser!!! J'ai mis au moins deux heures pour me rendre à la tente de mon ami le Docteur M, chirurgien pour sportifs de haut niveau d'Arabie Saoudite, deux heures pendant lesquelles j'ai serré plus de mains qu'un politicien en campagne électorale (mais je n'ai pas embrassé de bébés parce qu'il n'y a pas d'enfants non plus).

Après avoir enfin rejoint M et sa suite saoudienne, qui occupent la plus belle tente, avec les plus beaux tapis, je me suis assis pour boire un café arabe et jaser avec un... prince! Pas le chanteur nain: un vrai prince arabe, vêtu de soie ivoirine, d'allure vertueuse et aux gestes raffinés; un homme d'une beauté précieuse, sensationnelle; un gars qui « dégage », comme qu'on dit. L'admirable, c'est que ce prince, magnat du pétrole, gâté par la nature qui l'a fait superbe et riche comme Crésus, ne s'en vante pas une seconde : il est trop occupé à vous écouter.

Le besogneux de Rosemont que je suis en est très impressionné. Moi, avec ma petite job et ma grand' gueule !

-Je suis chroniqueur de voyages, prout prout, ma chère, et ça fait deux ans que je voyaaage !

-Je faisais de la télévision, moi, Monsieur !

— PHOTO —
DES TAS DE GENS POUR
LE DEUXIÈME RASSEMBLEMENT
MUSULMAN EN IMPORTANCE
DU MONDE, LE BISWA IJTEMA.
· BRUNO BLANCHET ·

Je suis en présence d'un des individus les plus nantis de la Terre qui n'en a rien à foutre de m'éblouir avec ses palais de contes des *Mille et Une Nuits* et ses habits cousus d'or. Sans dire un mot, il me donne une magnifique leçon d'humilité.

Ce qui éveille en moi, depuis toujours, la même question: comment fait-on pour trouver la paix intérieure et se débarrasser de l'ego (et je ne parle pas de la gaufre)?

« Tu viens prier avec moi? », qu'il me demande, le prince, alors que l'imam fait l'appel à la prière.

Le Docteur me tend les mains. « Viens, on va te passer les habits. »

J'ai un vertige. C'est peut-être la réponse: Ahmed Blanchet.

CHRONIQUE
– 083 –

Game over, mon frère

1 AVRIL 2006
– DACCA, BANGLADESH › 05-L –

«Viens Bruno, tu vas voir comme c'est simple!»

Simple? Le Docteur M revient au pas de course avec une tenue de prière, pour moi, qui a l'air aussi confortable qu'une doudoune; je l'enfile, je me lève et je rentre à la mosquée avec mes nouveaux amis saoudiens qui m'entourent d'amour infini. Puis je prie avec cinq millions de personnes qui font le même geste en même temps; et je deviens musulman.

En effet, c'est simple.

– PHOTO –
DES MILLIERS DE FIDÈLES PRENNENT
D'ASSAUT LES AUTOBUS POUR SE RENDRE
AU GRAND RASSEMBLEMENT RELIGIEUX
BISWA IJTEMA, AU BANGLADESH.
• BRUNO BLANCHET •

Trop simple. D'accord, je me suis déplacé pour venir les rencontrer, j'ai manifesté en ce sens le désir de me retrouver parmi eux; mais quand les seules conditions d'admissibilité pour joindre un groupe religieux sont de répondre «OK, mon Bill, j'arrive», il ne faut pas m'en vouloir d'être un peu méfiant. Suis-je qualifié pour ce à quoi Allah s'attend de moi? Ce que je ne connais pas? Puis-je me débarrasser, instantanément, de mon Québec, de mon Jésus, de mon passé? Et surtout, comment j'annonce ça à ma famille!?!

«Allo, Grand-Maman? Je suis devenu musulman... Non, pas arabe, mu-sul-man... Ça mange quoi en hiver, tu dis?»

Le prince insiste. «Allah t'attend, mon frère! Si tu es ici, c'est qu'Allah a voulu que tu sois là!»

T'as raison, monsieur le prince. Le fait que je me trouve ici n'est pas un hasard. Mon périple, depuis quelques mois (et à mon insu!), s'est peu à peu transformé en une espèce de quête. Et je me rends compte aujourd'hui, *live from the muslim world*, que le voyage, seul, m'ennuie; que je suis désormais à la recherche de ce qui me force à aller plus loin, à exister plus loin; et, au risque de mettre en danger mon équilibre mental, je m'amuse à pousser au précipice mes valeurs culturelles et à m'approcher trop près des feux qui brûlent l'âme. «Des symptômes du déracinement», m'avait dit Jean-Pierre, de Montréal, un beau monsieur rencontré la semaine passée, qui trouvait que j'avais l'air à boutte.

«Rentre donc à la maison», m'a-t-il conseillé.

Mais je sais plus où elle est, ma maison, mon cher Jean-Pierre! Aux Fidji? Au Cambodge? Au Québec? Au Myanmar? En Chine? En Mongolie? Ou ici, avec Dieu?

Aide-moi à prendre la bonne décision, Allah...

«Bruno, viens, on va être en retard.»

Je tremble. Je me sens au bord d'un gouffre qu'on m'offre d'enjamber sans danger. Et parce que je sais que des millions de mains m'attraperaient si je tombais, et parce que je sais que je n'ai vraiment rien à craindre et, surtout, parce que j'ai envie d'un changement dans ma vie, ce n'est plus d'eux dont j'ai peur : c'est de moi.

Une chance que je suis assis par terre parce que les genoux me claqueraient ensemble, comme dans les cartoons.

Le Docteur M, me voyant toujours hésitant, prend ma main et m'aide à me lever. À perte de vue, des hommes s'installent derrière leur tapis. Des hommes barbus. Des millions d'hommes barbus...

Mais que je suis bête! Voilà ce qui me retient... Depuis le matin, j'ai l'impression d'être dans un vestiaire sportif! J'étouffe, les boys! Game over! Où sont les femmes? Hein? Cachées, vous dites? Je le sais! Depuis des semaines que je croise des femmes voilées, comme des ombres, forcées à manger dans un cubicule au restaurant, derrière un rideau de douche, à l'abri du regard des hommes; depuis des semaines que je suis interdit de contact avec la gent féminine, consignée à la cuisine; depuis des semaines que je ne comprends rien là-dedans. Une société sans femmes? Une société où l'homme prend toutes les décisions?

La prière débute. Les fidèles se prosternent.

«Bruno, tu viens?»

Je pose la main sur l'épaule du Docteur M. Je sais que je vais lui faire de la peine.

Mais la Terre tourne, et ce n'est pas ici que je m'arrête, mon frère.

CHRONIQUE
— 084 —

La poubelle du monde

25 MARS 2006
— CHITTAGONG, BANGLADESH › 05-L —

Vous savez ce que font les compagnies de marine marchande avec leurs vieux navires quand vient le temps de s'en acheter des neufs? Elles les coulent, vous dites? Peut-être! Je n'avais jamais pensé à ça... En tout cas, ceux qui ne coulent pas leurs navires les envoient dans un cimetière de bateaux (RIP) où des individus les déboulonnent afin de revendre le métal en pièces détachées. Jusque-là, ça va?

Pas du tout.

Jouons à un jeu: fermez les yeux et imaginez de l'eau sale. OK? Maintenant, rouvrez vos yeux (Comment avez-vous fait pour lire la dernière phrase, les yeux fermés?! Tricheurs!). Refermez les yeux et imaginez-la encore plus sale... Imaginez-la noire, avec des balounes brunes et du mou en décomposition qui flottent dessus... Ça pue? Parfait! Maintenant, construisez une ville autour, toute en tôles rouillées et en débris de bouts de morceaux de patentes trouvées au dépotoir, et, lorsque c'est fini, prenez du monde tout nu dans la rue et asseyez-les sur le trottoir. À l'horizon, posez des carcasses de navires. Cachez le soleil.

Vous êtes à Chittagong, la poubelle du monde.

Il y a en Inde, dans le Gujarat, un autre cimetière de bateaux comme celui-ci. Mais depuis que Greenpeace y a débarqué avec des caméras cachées, il est impossible de le visiter. Dans le cas de celui de «Shittagong», au Bangladesh, paraît que c'est encore possible...

Alors, on essaye.

Le conducteur du tuk-tuk n'y croit pas.

«We go back!»

Il n'a jamais amené personne ici. Il ne comprend pas pourquoi l'endroit m'attire. Et il veut retourner au village après que les deux premiers chantiers nous aient sèchement refusé l'entrée. J'insiste pour poursuivre. Sur une quinzaine de kilomètres, jamais je ne croirai qu'aucune des dizaines d'entreprises de récupération n'aura pitié d'un pauvre touriste canadien perdu qui veut seulement satisfaire sa curiosité.

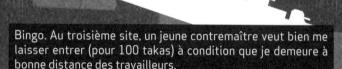

Bingo. Au troisième site, un jeune contremaître veut bien me laisser entrer (pour 100 takas) à condition que je demeure à bonne distance des travailleurs.

«Dangerous!», qu'il me crie au-dessus du bruit des machines.

Dangereux, tu dis? Tab…! Partout, les immenses morceaux de navires pendent et menacent de vous tomber dessus. Le taux de toxicité du sol boueux doit atteindre des sommets tchernobyliens. Les ouvriers, pieds nus, découpent du métal, en bedaine, sans casque et sans lunettes de protection; des pauvres ouvriers, qui, malgré l'horreur de leurs conditions de travail, ont tous le sourire fendu jusqu'aux oreilles. Pourquoi?

Parce qu'ils ont une job, une rareté dans le coin. À 2 $ par jour. Et s'ils se plaignaient, ils auraient zéro.

Bien qu'on m'ait permis d'entrer sur le site, je ne suis pas à l'aise avec l'idée d'être qui je suis, c'est-à-dire un chroniqueur de *La Presse* qui prétend être un touriste en balade et qui prend des photos en disant «Oh! que c'est beauuu!». Et j'ai le sentiment incommode que je serai démasqué (battu et enterré) parce que, comme vous le savez déjà, je suis un piètre acteur.

Et je ferais un pire espion.

C'est la marée basse, alors j'en profite pour marcher au large (dans deux pieds de boue suspecte) afin de pouvoir utiliser mon appareil photo, sans trop attirer l'attention.

C'est dégueulasse. L'odeur d'huile rance qui émane du sol est insupportable. Mais il y a quelque chose de majestueux dans le portrait. Comme des squelettes d'animaux préhistoriques, des mammouths modernes, les navires gisent, désossés, au milieu d'un océan de vase verte et mauve. C'est une image à la fois douloureuse, et poétique.

Mais les mots «désastre écologique» et «catastrophe environnementale» viennent plus naturellement en tête... Et patates frites!

- Pourquoi «patates frites», monsieur Blanchet?

Parce que je pense souvent aux frites, ces jours-ci. Voilà. Je suis tanné des chapatis. Et du riz. Me semble qu'une bonne poutine... Miam! Le pire, c'est qu'à la maison je n'en mange jamais. Mais là, tout de suite, je donnerais au moins 200 takas (3 $) pour être ailleurs, en train d'en manger une. Surtout pour être ailleurs.

Parce que, de la rive, un monsieur à cravate (le patron?), flanqué de deux gardes armés, me hurle quelque chose qui ressemble à:

«Viti Bin Kris Ton Kin Dsitt, Eul Kass!»

Et je sens que je vais en manger toute une. Vite, je me fourre l'appareil photo dans les culottes et, sur la pointe des pieds, léger, je m'approche des furieux, avec ma meilleure face d'innocent.

«Don't shoot! I am Tite-Dent!»

Le temps de le dire, les deux gorilles (Subito et Presto!) m'ont ramassé par le collet et m'ont sorti cul par-dessus tête. Ouste!

Je me suis relevé, et je leur ai dit en français, comme si je m'excusais:

«Ça a même pas faite mal, les fillettes.»

Ils ont refermé la grille, satisfaits.

Moi aussi. J'aurai exposé le problème. Et j'aurai même eu le temps d'apporter une précision: ces gros bateaux, ils viennent de la maison.

Bye-bye, Bangladesh !

1ᴱᴿ AVRIL 2006
— PARC NATIONAL DES SUNDURBANS, BANGLADESH › 05-L —

Avant de quitter le Bangladesh, je suis descendu au sud du pays pour trois jours de croisière dans la plus grosse forêt de mangroves au monde, les Sundurbans, où l'on trouve la plus vaste réserve de tigres de la terre.

Excitant, hein ?

Sur le bateau (le *Bellah*, laid comme un pou), pour la première fois de mon séjour, j'ai rencontré des autochtones nantis. Pour la plupart, des étudiants universitaires qui profitaient des vacances, et de l'air pur, pour faire du *chain smoking* en croisière. Ils s'installaient sur le pont et brûlaient chacun trois paquets par jour de Dunhill importées, à 4 piasses le paquet (les cigarettes locales coûtent 30 sous, et le salaire quotidien moyen est de deux dollars). On les dirait en compétition.

« Premier qui se tousse les poumons ! »

Mais ils ne boivent pas d'alcool et ne consomment pas de drogue. Ils boivent du Cola et mangent des chips. Trop de chips. Un Bengali riche se distingue d'ailleurs assez facilement du lot : il est obèse et il en est fier.

C'est le cas de Gazou, 20 ans, un nerd typique, avec lunettes de corne et polo trop petit, étudiant en physique à Dacca et tête de Turc du groupe d'étudiants sur le bateau. C'est pas mêlant, Gazou (son vrai nom est quelque chose comme Radai, mais Gazou lui va si bien) fait rire de lui en permanence. Mais il est patient, toujours gentil, et je suis sûr qu'au fond ses amis l'aiment bien. Quoique…

THE
BENGAL
TOURS
LTD

2 pax

MONEY REC

Mr. BLANCH

165

eived with thanks from ....

amount of

inst ....

cash/cheque no.

Dat.

part/full/final/advance pa

3000/=

ount ....

or The Client

Après deux jours de marche en forêt, les tigres tardaient à se manifester : nous n'avions vu que des crocodiles de 8 mètres, des troupeaux de daims sauvages, des oiseaux magnifiques, des singes et d'immenses méduses (et je me plains !). Le fait que le guide parlait beaucoup trop fort et que deux gardes armés nous accompagnaient en sifflant bruyamment (d'habitude, l'un dort sous un arbre pendant que l'autre s'amuse à rentrer son doigt dans le canon de sa carabine et à le ressortir en faisant POP !) n'étaient sûrement pas étrangers à l'absence de tigres. Je les soupçonnais d'avoir peur parce que le danger aux Sundurbans est réel : chaque année, des dizaines de cueilleurs de miel s'y font bouffer par des tigres. Toujours des pauvres types, sans armes, dont le seul moyen de défense est de porter un masque à face humaine derrière leur tête, en espérant que le tigre ne les attaquera pas s'il se croit observé…

Nous avions entrepris une petite sortie dans les terres, lorsque, soudain, nous avons croisé des traces fraîches de félins. Des vraies ! Une maman et son petit.

L'intensité monte d'un cran. À la queue leu leu, nous suivons alors en silence la piste des animaux. J'y songe... En silence? Non mais, c'est maintenant qu'il faut faire du bruit! Un cri retentit derrière. «AAAAH!» La marche s'interrompt brusquement. Dans les visages, un mélange d'inquiétude et d'excitation. Que se passe-t-il? Allons-nous voir un tigre du Bengale? Va-t-il nous dévorer vivants? Un des jeunes arrive en courant. «Au secours! Quelqu'un s'est pris le pied dans une trappe à tigres!» Nous nous précipitons à la rescousse. Sur les lieux, nous constatons qu'effectivement quelqu'un a posé le pied dans une trappe, qui s'est refermée sur son mollet — sans toutefois le blesser parce qu'il ne s'agit pas d'un truc en métal avec des dents comme dans les dessins animés, mais plutôt d'un tuyau de métal arrondi destiné à arrêter l'animal sans lui faire mal — et que, oh surprise!, ce quelqu'un, n'est nul autre que Gazou. Autour de lui, ses amis rigolent. Mais Gazou n'a pas l'air de la trouver très drôle. Surtout qu'une idée de génie nous a tous frappés à peu près en même temps et que, dans les conversations, «piège à tigres» s'est brusquement transformé en... «piège à appât pour tigres»!

«Minou, minou! Viens manger, Minou...»

Comprenez! Deux jours sans tigre puis, subitement, des traces fraîches et un Gazou bien dodu qui ferait un excellent repas... C'est un cadeau d'Allah!

«Aidez-moi!» supplie le pauvre garçon.

«Qu'est-ce que tu nous donnes en retour?» lui demandent ses amis qui voient là une excellente occasion de le faire chanter.

«Un paquet de cigarettes!», répond le piégé.

«Deux!», lui rétorquent ses copains.

Le guide s'interpose.

«Hey! Arrêtez les folies!»

Silence dans la foule. Il se penche pour débloquer le piège et fustige les jeunes.

«Un paquet, c'est bien assez!»

Rires aux éclats. Les tigres doivent être bien loin maintenant, avec tout ce boucan.

En catimini, Gazou sourit.

— PHOTO —
À LA CHASSE AU TIGRE,
EN COMPAGNIE D'UN GARDE ARMÉ — CAR LE TIGRE
N'EST PAS PRÉCISÉMENT UN GENTIL MINOU.
• BRUNO BLANCHET •

Nous retournerons sur le bateau et, pendant toute la journée du retour, les jeunes auront un plaisir fou à taquiner le pauvre Gazou. La vie continue! Nous échangerons nos coordonnées et les promesses de nous revoir, un jour à Dacca, ou ailleurs.

Et je le souhaite. Mon cher Bangladesh, je ne suis pas très bon dans les adieux, alors je te dirai simplement merci. Et au revoir.

Tu as changé ma vie.

En langage bengali, «Sundurbans» signifie «Beautiful forest». J'ajouterai: «in a beautiful country».

CHRONIQUE
— 086 —

Malade
de l'Inde

8 AVRIL 2006
— SVRANABELAGOLA, INDE › 05-K —

En descendant du train à Mysore, État de Karnataka, presqu'à la pointe sud de l'Inde, ça s'est mis à me piquer sur les fesses. Aaargh! Trois heures plus tard, j'étais à l'urgence de l'hôpital local. Une Hollandaise rencontrée à Kolkata m'avait conseillé d'éviter le voyage en couchette dans un wagon climatisé parce que, selon elle, « ce n'est pas là qu'on rencontre les vrais Indiens. Va t'asseoir avec le peuple et apprends à les connaître », m'avait-elle suggéré.

Formidable idée : 46 heures les fenêtres ouvertes, assis sur un banc de bois à trois pattes, avec de la poussière à la pelle et des moustiques à la tonne et, à chaque arrêt, le wagon qui s'emplit de crieurs, de voleurs, de vendeurs de chai (thé), de *samosas*, de croustilles au goût de *masala* et, à chaque fois que tu réussis à t'endormir, un quêteux manchot qui te réveille en te donnant des coups de tête sur le genou et s'imagine ensuite que tu lui donneras volontiers les 10 dollars (!) qu'il exige de toi pour avoir balayé le plancher avec son pantalon et qu'avec un grand sourire franc à la Marie-Chantal Perron (bonjour Minou!) tu lui diras :

« Alllloooo, mon Pinpin! Je suis tellement content de te voir, à cinq heures du matin! Viens que je te donne de l'affection! »

Non.

Alors que, dans le wagon de première classe que j'ai loué en revenant, j'ai rencontré des Indiens, des vrais, qui parlaient très bien l'anglais et avec lesquels on pouvait discuter de culture, de politique, et de la vie en général.

Lequel des deux voyages est le plus éducatif. À vous de choisir.

À l'hôpital, le docteur, assis derrière son bureau, a pouffé de rire quand j'ai enlevé ma chemise et mes shorts.

« Avez-vous pris le train hier, monsieur ? », qu'il m'a demandé, sans même se lever pour regarder de plus près les gros boutons rouges purulents qui me recouvraient le dos, les jambes, le cou et le reste.

« Oui, j'ai pris un train hier. Est-ce suffisant pour me transformer en monstre des *Fantastic Four* ? »

« Punaises, qu'il a répondu en commençant à remplir l'ordonnance. Une véritable peste dans les wagons de deuxième classe... Pourquoi ne voyagez-vous pas en couchette dans un wagon climatisé, comme les autres touristes ? »

Pourquoi ? Parce que je suis tombé dans le piège du touriste qui essaye de se faire accroire qu'il n'est pas un touriste (une véritable manie en Inde); parce que je voulais faire mon tough; parce que la Hollandaise, bon, vous l'auriez rencontrée, vous auriez fait le trajet à dos de mulet. Parce que ce fut une des expériences de transport les plus inouïes de ma vie.

Un dénommé Sydney J. Harris a écrit : « Si une toute petite chose vous dérange, est-ce que cela ne vous indique pas quelque chose sur votre propre dimension ? »

Alors, respirons par le nez, Monsieur Bruno, et poursuivons.

Vous vous demandez peut-être ce que l'on vient fabriquer à Mysore, en Inde, ce matin ? Hmmm… Vous souvenez-vous de la chronique de *La Frousse* sur le gourou nu de Calcutta, au temple jaïniste ? Et vous rappelez-vous qu'il avait prédit que nous nous reverrions ?

Ha ! Un devin, le sage…

D'abord, Mysore n'est pas notre destination finale. Nous couchons un soir à Mysore dans le but d'aller, le lendemain matin, à Svranabelagola (difficile à prononcer avec la bouche pleine de biscuits soda), à une cinquantaine de kilomètres au nord, afin d'assister au Mahamastakabhisheka (ça aussi), le festival jaïniste, un événement complètement sauté qui se tient tous les 12 ans et, chanceux comme nous le sommes, c'est cette année !

Le matin, mon ami Allan (oui, le vieux monsieur anglais de la même chronique) et moi arrivons frais et dispos au village de Sravanabelagolagaligolayoupidou, excités comme des gamins au parc Belmont. La veille, à Mysore, nous avons déniché une paire de billets pour assister à la première, à ce qu'il paraît la journée la plus spectaculaire.

À l'entrée du site, la guichetière nous demande de nous diriger vers l'autre entrée, côté nord de la colline (où trône au sommet la statue géante jaïn, un monolithique de 19 mètres). À l'autre entrée, on nous indique plutôt l'autre autre entrée, de l'autre autre côté.

Nous commençons à grincer des dents.

À l'autre autre entrée, le gardien refuse carrément d'accepter nos billets.

« Ces billets ne sont pas valides », qu'il nous déclare avec une bouille figée qu'il faudrait sortir deux heures avant le souper pour qu'elle dégèle.

« Ce sont des faux. »

Allan vire au rouge. Je prends vite la parole avant qu'il ne dise une bêtise. Mais je perds vite les pédales.

« Comment ça, des faux, Monsieur ? Encore du cr.. de niaisage ?!? On arrive de l'autre bout du monde, *tabarn*…!!! »

BRUNO M'A PRIS AU FESTIVAL JAINISTE, ET EFFECTIVEMENT, C'EST MON MEILLEUR PROFIL.

« Pas mon problème. Vous devez aller au bureau du festival. C'est en ville. »

L'imbécile que je suis n'a rien réglé, évidemment. Crier en Inde n'impressionne personne ! Mais y'a des fois où… Ggrrr ! Une crampe me tord le ventre. C'est reparti.

Welcome back to India !

La gang de tout-nus

15 AVRIL 2006
– SVRANABELAGOLA, INDE › 05-K –

«Il faut retourner au bureau du festival en ville?» Heureuse-ment que le centre-ville de Sravanabelagougoune n'est ni loin ni très grand. En 10 minutes de marche sous un soleil de plomb, nous y étions.

L'endroit était fermé. «Parce qu'ils sont au festival, qu'est-ce que vous croyez!», nous fait la gentille dame.

Bien sûr, nous aurions dû y penser…

Devant le bureau, un gardien nous recommande d'aller à la table des médias parce que, paraît-il, seuls les journalistes et les invités officiels peuvent assister à l'ouverture de l'événement qui, je vous le rappelle, rassemble tous les 12 ans des centaines de gurus jaïns de tout le pays, certains partis depuis des mois pour se rendre à Sravanabellatchitchic, dans le plus simple appareil (ils ont renoncé aux biens matériels) et à pied (ils évi-tent d'utiliser toute forme de transport terrestre *because* la mort des bibittes qui s'écrasent sous les pneus ou dans le pare-brise).

À la table des médias, je pointe le menton, retrousse le nez et je joue la diva à fond pour essayer de les étourdir.

«Où sont nos passes? Je demande à voir le responsable! J'arrive du Canada pour assister à l'ouverture du festival, on nous a remis de faux billets et je suis furieux! Vous faites ça tous les 12 ans, me semble que vous avez le temps de vous préparer? J'ai vu des festivals de l'achigan mieux organisés!»

L'homme derrière la table ne cligne même pas de l'œil.

«Êtes-vous journaliste?»

La question que je voulais éviter. J'ai envie de dire oui, mais je connais trop bien la suite: carte de presse que je n'ai pas, lettre d'autorisation de couverture de l'événement que j'ai encore moins et formulaire de permis de travail en Inde que, euh, j'ai oublié à l'hôtel, je pense, euh, Monsieur.

«Alors, vous devez commencer par vous présenter au poste de police pour vous enregistrer.»

Nous nous y rendons. De là, après 15 minutes d'attente, on nous envoie au camion de police garé devant la barrière de l'entrée principale, là où, selon le policier de garde, il y a le capitaine, qui est en mesure de nous dire quoi faire. Enfin!

Le capitaine, un beau grand monsieur avec une belle longue moustache et un beau pistolet, est catégorique.

«Faut aller au bureau du festival.»

Je vois dans les yeux de mon ami Allan qu'il voudrait étriper quelqu'un. Parfois, je le trouve un peu impatient, mais en ce moment, je partage tout à fait son envie de destruction. J'ai envie de tout laisser tomber.

«On retourne au bureau ou on abandonne?»

Il tranche.

«On entre.»

«Au festival?!?»

«*Of course! Follow me and walk like the place is yours*», qu'il me lance en pressant le pas.

«Marcher comme si l'endroit m'appartenait»? Hi hi! Ils me le donneraient que j'en voudrais pas, mais enfin, faut ce qu'il faut.

Première étape, franchir le cordon de sécurité dans la rue. Facile, car nous sommes Blancs. Au deuxième contrôle, Allan leur montre son super appareil photo, sans rien dire, et presse le pas en pointant en direction de la montagne, comme s'il était un photographe en retard. Brillant!

Moi, j'improvise son assistant stressé qui cherche quelque chose dans son sac. Malgré ma performance très ordinaire, les gardiens dupes nous regardent passer comme des vaches regardent passer un train le matin. Tchou-tchou! Nous y sommes presque...

Au troisième et dernier contrôle, au pied des marches qui conduisent au sommet, la sécurité semble plus serrée: ce n'est plus le moment de s'arrêter pour réfléchir à une tactique. Ça passe ou ça casse. Alors on fonce. Dans ma tête, je me répète «je suis invisible, je suis invisible, je suis invisible, je suis invisible».

Vous n'avez jamais essayé ça? Vous devriez... Ça marche! Nous traversons la foule agglutinée à l'entrée, passons la ligne rouge, déjouons le gardien, et c'est le but! Nous amorçons la montée des marches! Quand, tout à coup...

« Hey ! Stop ! » Pardon ? Un militaire nous fait signe de revenir à la guérite. Fichtre ! Il nous indique un tas de souliers dans une boîte.

« Enlevez vos souliers. »

Yes ! La semaine prochaine, on se fout à poil !

La gang de tout-nus (bis)

22 AVRIL 2006
— SVRANABELAGOLA, INDE › 05-K —

Lisez attentivement ce qui suit: le festival du Mahamastaka Abhisheka se déroule à chaque 12 ans, pendant 12 jours, sur le sommet du mont Vindhyagiri, à Sravanabelagolamimailapala, au pied d'une statue de 19 mètres du prince Bahubali, la plus grande sculpture monolithique de marbre du monde, qui a nécessité 12 années de travail.

Alors… Qu'avez-vous remarqué? Bien sûr! Le chiffre 12. Et pourquoi cette répétition du chiffre 12 (j'ai mis le « 19 mètres » rien que pour vous mélanger)? Parce que Bahubali, fils du roi Rishabhadev, déçu par le monde matérialiste, a médité pendant 12 mois, en position debout.

Bah? C'est la seule explication que l'on a pu me donner et, comme vous, j'ai trouvé ça un peu décevant. Mais une fois au pied de cette imposante statue d'homme nu, j'allais être tout sauf déçu.

Au début, les membres excités, qui ne sont pas en tenue d'Adam, contrairement à leurs gurus, mais dont les vêtements blancs transparents nous laissent très bien deviner les formes, se massent sur les marches de l'échafaudage érigé derrière la statue pour avoir l'immense honneur d'être les premiers à l'asperger; d'abord d'eau bénite, puis de jus de canne à sucre. Des groupes de musique placés aux quatre coins de la terrasse se relaient pour rythmer la longue complainte d'un monsieur avec un gros chapeau et les petits cris de chambre à coucher d'une madame avec un micro.

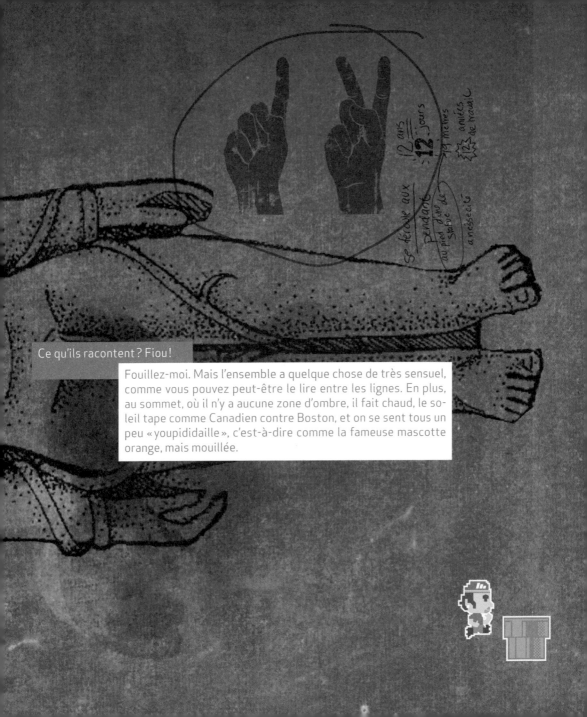

Ce qu'ils racontent ? Fiou !

Fouillez-moi. Mais l'ensemble a quelque chose de très sensuel, comme vous pouvez peut-être le lire entre les lignes. En plus, au sommet, où il n'y a aucune zone d'ombre, il fait chaud, le soleil tape comme Canadien contre Boston, et on se sent tous un peu « youpididaille », c'est-à-dire comme la fameuse mascotte orange, mais mouillée.

Ce qui est de circonstance, parce que la célébration consiste (pour le néophyte que je suis et qui vous explique façon télé-horaire) « en six heures d'arrosage d'une statue avec des seaux d'huile, d'eau de rose colorée et de peinture à l'eau, en danse, en musique et en chansons » (on dirait *Garden Party*, non ?), et même si l'on n'y comprend rien, de toute façon, c'est simple-ment ahurissant de se trouver au milieu d'une bande d'hurlu-berlus à moitié nus qui dansent et chantent et hurlent chaque fois que le liquide rouge, jaune et oh-la-belle-bleue ! nous éclabousse et que ça brûle les yeux, aaaah ! et mon T-shirt du Bangladesh est ruiné et un homme me serre fort et une femme me barbouille le visage avec de la pâte jaune qui sent le bois de santal et je danse comme un freak sur l'acide à Woodstock en 1969, les mains tendues vers le ciel, et j'aime les jaïnistes, et Jain et Jean et Josée, et tout ce qui commence par « J » ou en a déjà eu envie, et même Julie, et je me sens basculer dans un bien-être dangereux et… et… j-j-j-je tombe dans les pommes. Coup de chaleur.

Étrange comme les pertes de conscience semblent durer une éternité, alors qu'elles sont la plupart du temps des black-out ridicules qui se mesurent en secondes sur les doigts d'une seule main de Schtroumpf. La mienne ne fait pas défaut à la règle: après 10 ans de mon temps, c'est-à-dire trois secondes en temps réel, j'ouvre les yeux.

« Are you OK ? », me lance Allan, inquiet de me voir genre style K.-O. par terre.

« Où suis-je ? », lui balbutie-je, mou comme une pieuvre.

« You are in heaven », qu'il me répond, du tac au tac, le comique.

Et la fête continue.

Dans l'autobus qui me ramène à Mysore, couvert de peinture bleue-jaune-rouge, entre les passagers gris, je suis un arc-en-ciel. Un vieil homme s'avance vers moi, joint ses mains au niveau de son front en signe de grand respect, puis il glisse un doigt sur ma joue pour me voler un peu de couleur, qu'il dépose ensuite sur ses yeux.

Et il s'agenouille devant moi.

Correction: je suis un ange.

En arrivant à l'hôtel, mécaniquement, je saisis la zapette et j'allume le téléviseur. Bi bou bou... CNN. Au secours! J'éteins vite.

Pour un soir, je reste au paradis.
On y dort si bien...

Le train jouet

29 AVRIL 2006
– ENTRE NEW JAILPURI ET DARJEELING, INDE › 05-K –

Moi, Bruno Blanchet, fraîchement devenu un jeune homme de 42 ans (merci à tous ceux qui y ont pensé!), quand je vois le mot «jouet» dans quelque chose, je me sens encore attiré de façon irrésistible. Des exemples? Ben... Train jouet! Et euh...euh... magasin de jouets! Et pis plein d'autres qui ne me viennent pas là, mais c'est pas grave: ce que je veux dire, c'est que le mot «jouet» signifie toujours pour moi plaisir idiot, culpabilité zéro et let's go. Et lorsqu'on me propose ce réconfort de l'enfance dans un pays comme l'Inde où j'ai trop souvent envie de mordre (je comprends maintenant un peu mieux les origines de certaines propositions du *Kama Sutra*) ou envie de me cacher dans un sac, dans une boîte, dans une malle, dans un placard de cale de bateau jusque dans un autre pays (fichez-moi la paix!), je saute sur l'occasion de m'échapper. Ne serait-ce que symboliquement.

Vous me suivez?

Le train jouet, tel qu'on le surnomme, fait la navette entre New Jailpuri et Darjeeling, chaque jour, une seule fois, dans les deux directions. C'est parce qu'il n'y a qu'un rail sur pente ultra-raide et que le trajet est long... Surtout pour un train qui fonctionne sur quatre batteries format D. Et surtout quand le conducteur furieux gaspille toute l'énergie sur son bâtard de «tchou-tchou»! Un vrai troublé. 4 ans d'âge mental! Tous les vingt mètres, il te lâche un de ses TCHOUUUUUUUUU! du désespoir, comme s'il pilotait une bombe qui menacerait d'exploser d'une seconde à l'autre. De quesse????

Mais il est vrai que le train, qui ressemble à trois wagons de métro nains tirés par une locomotive qui vient de sortir de la sécheuse, traverse des villages et passe parfois à à peine deux mètres des maisons — TASSEZ-VOUUUUUS! —, ce qui, en principe, devrait pouvoir expliquer l'insistance du cheminot à peser sur le klaxon, n'est-ce pas? Sauf qu'à la vitesse à laquelle on avance, je pourrais sans difficulté sortir, pisser et remonter; les badauds, de chaque côté de la track, ont le temps de vous dire bonjour, puis de se faire une opinion sur vous, d'en discuter avec des amis et de vous dire au revoir, dans un cas positif; les vaches s'ennuient: «Aussi bien lire Prouuuuuuust», qu'on les entend beugler au passage du bolide; et le décor naturel magnifique, croyez-le ou non, on le voit pousser. Bref, nous aurions autant de chance de renverser quelqu'un que Mme Giroux avec sa marchette, un jour de février, sur trottoir glacé.

Ce qui m'amène au conseil de la semaine: apportez des bouchons pour les oreilles en Inde. Parce que, dans le pays le plus bruyant au monde, où les freins sont optionnels et les klaxons obligatoires, il est impossible d'en trouver.

«Des bouchons, monsieur? Mais pourquoi? Le silence, vous dites? Qu'est-ce que c'est, le silence?»

Le silence, c'est un concept occidental et un luxe, mon enfant. Comme une véranda en moustiquaire. Comme trois repas par jour. Comme un safari en Afrique.

«Wow... Dessine-moi un silence, monsieur!»

Cela dit, le voyage en «Toy Train» est proche du fabuleux. Dans le voisinage de l'exceptionnel. Au logement juste en dessous du formidable, dans le même bloc appartement que le ravissant et le lumineux. Si le trajet était une femme, il serait surfeuse japonaise.

Au bord d'une falaise, à Dilaram, les étudiants s'accrochent au train et hurlent de rire quand le conducteur les menace du poing. À Margaret's Hope, on entre dans les nuages d'ocre et d'étain, où les champs de thé portent des manteaux de fourrure, la tuque enfoncée jusqu'aux sourcils. À Ghoom, le soleil réapparaît, rose comme un sourire de bébé et sucré comme un bonbon. En fait, je sais même plus si c'est le soleil ou la lune.

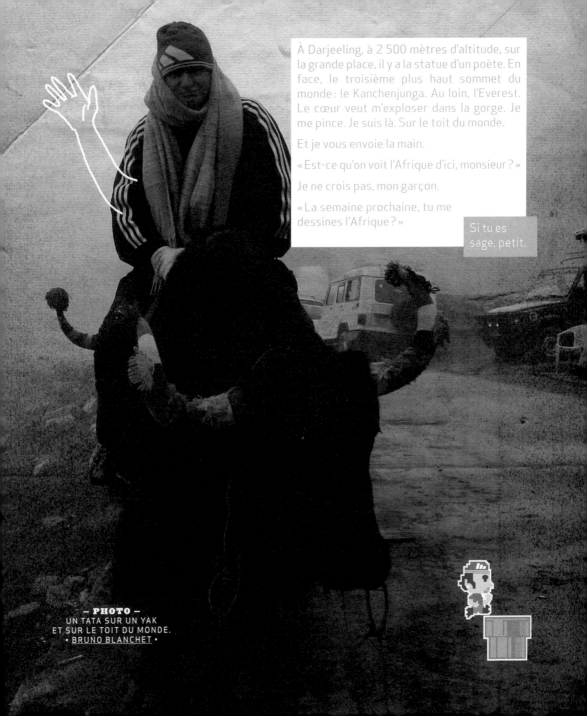

À Darjeeling, à 2 500 mètres d'altitude, sur la grande place, il y a la statue d'un poète. En face, le troisième plus haut sommet du monde : le Kanchenjunga. Au loin, l'Everest. Le cœur veut m'exploser dans la gorge. Je me pince. Je suis là. Sur le toit du monde.

Et je vous envoie la main.

« Est-ce qu'on voit l'Afrique d'ici, monsieur ? »

Je ne crois pas, mon garçon.

« La semaine prochaine, tu me dessines l'Afrique ? »

Si tu es sage, petit.

— PHOTO —
UN TATA SUR UN YAK
ET SUR LE TOIT DU MONDE.
• BRUNO BLANCHET •

Ça commence plutôt bien

6 MAI 2006
— ADDIS-ABABA, ÉTHIOPIE › 08-E —

Addis-Ababa, capitale de l'Éthiopie. À l'aéroport, épuisé par le voyage, je me fais avoir sur le taux de change par une caissière avec des dents en or, juste avant de me faire arnaquer par un chauffeur de taxi sur le prix de la course. À l'hôtel, accueilli par un patron honnête et un lit confortable au prix indiqué, ouf, je m'étends et je rêve que ma chambre est à côté de la discothèque.

Boum boum boum.

Je ne rêve pas. Boum boum. C'est *Wham*, *Wake me up?* De circonstance… La tête du lit tremble. Boum boum boum. C'est Michael Jackson, *Bad*. En effet… Suivi de boum boum boum, Cindy Lauper, *Girls just want to have fun*. Excellent! En plus d'être couché sur une piste de danse en Afrique, je suis en 1980.

Bon, qu'est-ce que je fais? Je hurle? Je demande un remboursement? J'ai pas le goût de me disputer. Aussi bien me joindre à la fête…

Je remets mes lentilles cornéennes. Je me rince le visage avec de l'eau froide (y était pas supposé y avoir de l'eau chaude?) et j'écrase un moustique sur le mur, à côté du miroir. Splat! Il est plein de sang. Shit! Il m'a eu! Paludisme, éléphantiasis, fièvre de dengue, toutes les maladies me traversent l'esprit. Tant pis. Je sors.

À la discothèque, rien de bien spécial: sur les murs, des affiches de sport, au plafond, des télés pas de son et, au bar, une trentaine de clients éthiopiens qui boivent de la bière éthiopienne. C'est comme au Vieux Shack de Saint-Jérôme, mais en plus foncé.

Puis, l'apparition. Sur les premières notes d'une chanson éthiopienne, *chling*, six déesses africaines, avec des yeux de fauves affamés et des os d'explorateurs belges piqués dans la coiffure, (dé)vêtues de peaux de léopard en lambeaux qu'on dirait arrachées à coups de dents à la bête, comme possédées, s'engagent aussitôt dans une danse de Saint-Guy démente, roulant des épaules avec violence, leurs bassins enflammés, leurs seins bondissant à un rythme qui se transmet à la foule hypnotisée, qui se trémousse, se bouscule, se sacrifie au rythme, épileptique, hallucinée. Je suis si impressionné que j'en oublie de cligner des yeux et mes verres de contact tombent sur le comptoir, juste à côté de ma mâchoire.

(relire le titre)

Par contre, le lendemain matin, la première balade à pied dans Addis me fout les jetons. La trouille, les boules, les quételles, les shakes, la poule mouillée! Je voulais un changement? Je suis servi! Bien que la misère s'exprime sensiblement de la même façon dans tous les pays en voie de développement, le réveil ici est un peu brutal. Ma première balade dans les rues d'une ville d'Afrique ressemble à ce que j'avais craint d'imaginer: *f#*ing hell!*

J'ai beau marcher au rythme du gars qui sait où il s'en va, j'ai beau me promener avec un journal sous le bras et une pinte de lait à la main (un truc que m'avait refilé Éric Lapointe pour les lendemains de nuits blanches), même avec casquette, lunettes fumées et manches longues, en Éthiopie, impossible de passer inaperçu: c'est comme s'il me manquait le groove. Et je les entends hurler à mon passage: «Hey, la gang, v'là la Banque du Canada! Charge!»

L'entraînement en Inde aura donc été extrêmement profitable parce que la sollicitation à Addis est aussi soutenue, c'est-à-dire dès qu'on met le pied dehors, et la mendicité y est plus troublante encore. Il y a ici de ces maladies et de ces déformations dont je vous épargne les descriptions graphiques, ce matin, parce que vos œufs prendraient vie et se sauveraient de l'assiette.

Donc, voyageurs avisés, planifiez dans l'ordre: l'Inde avant l'Afrique de l'Est, le Vietnam avant l'Inde, le Cambodge avant le Vietnam: tout ça dans le but d'apprendre à dire non, une science bien plus complexe et bien plus éprouvante qu'elle n'en a l'air.

C'est pas toujours facile de laisser son cœur à l'hôtel.

En terminant, parlant de banque, à Addis, selon le Guide de voyage LP, on devait pouvoir trouver des guichets automatiques. Eh ben? Non. *No. Niet. Aydelem.*

Avec mes 200 $US dans les poches, la suite promet d'être pittoresque.

(relire le titre)

Ababa Badou !

Encore une fois, les arbres cachaient la forêt, et Addis Ababa s'avère un endroit à peu près paisible, presque agréable, comme un gros village un peu fou. Et à force de traîner dans la foule, encore une fois, j'ai fini par m'y fondre de façon naturelle, comme un fermier dans un champ qui apprend à endurer la chaleur et les mouches. Faut juste prendre ça cool. Je ne veux pas dire par là que je suis cool, mais… je suis cool. Hé ! 2 ans de voyage dans 16 pays, ça doit bien servir à quelque chose, non ?

« Tadias Tenayistillign ? » (Salut, ça va ?)

— PHOTO —
L'AIR COOL DANS LES RUES
D'ADDIS-ABABA.
• BRUNO BLANCHET •

L'ordinateur sur lequel je vous écris est coincé entre deux étagères d'un magasin de location de DVD-VCD-VIDÉO, qui annonçait de l'Internet «haute vitesse», sur une toute petite affiche jaune que j'ai failli ne pas voir. Chanceux comme je suis, c'est effectivement la connexion la plus rapide que j'aie trouvée jusqu'à présent en Éthiopie: seulement trois minutes pour ouvrir la page Hotmail.

Heureusement, depuis deux semaines que «j'éthiope», j'ai compris: quand je sors surfer sur le Net, je m'apporte un livre. Ces jours-ci, c'est *Another Roadside Attraction*, de Tom Robbins, le délire... L'ordinateur, de marque STIM, qui n'en fait pas beaucoup, indique qu'il est présentement 1 h 30 de l'après-midi et, pourtant, dehors, il fait noir comme chez le *Canis simensis* (loup éthiopien en danger d'extinction, prenez des notes)! Étrange? Pas du tout. Il s'agit de l'heure éthiopienne, divisée en deux tranches de 12 heures qui se décomptent à partir de 6 h le matin et minuit le soir. Vous me suivez? Ici, vous devez donc ajouter six heures à l'heure qu'on vous lit sur la rue, et c'est l'heure normale, c'est-à-dire celle depuis qu'on est petit; à moins que vous n'ayez envie d'adopter leur façon de calculer le temps et de vous coucher juste avant Bobino, à quatre heures de l'après-midi.

Comme je vous écris en direct d'une rangée de magasins de location de vidéos (c'est pas une farce), à ma droite (juste pour vous situer dans l'espace), il y a des thrillers américains obscurs, comme *Enough*, avec Jennifer Lopez (titre judicieux), et *In The Night*, avec l'image d'un fusil et du sang. Puis, sur ma gauche, il y a toute une section de films religieux avec, en vedette, le Jésus de *Road Warrior* (Mel Gibson), en version amharique (langue de l'Éthiopie). Seriez-vous surpris si je vous disais que c'est la section la plus fréquentée? Moi si. En débarquant en Éthiopie, je ne m'attendais pas à y trouver un peuple aussi pieux et, surtout, aussi expressif dans sa foi chrétienne. J'aurais dû m'en douter : à Lalibela, au nord de la capitale, on trouve des églises taillées à même le roc, datant du IXe siècle, que nous visiterons, soyez-en assurés. Mais même avertis, les premières grands-mères avec des croix tatouées dans le front que vous surprenez à embrasser la rue et le trottoir en face de l'église vous font un drôle d'effet; surtout que, d'habitude, la croix, on la voit tatouée sur l'épaule, juste au-dessus du visage du Diable, avec les inscriptions «Satan» et «Sophie». Personnellement, j'ai surtout été surpris d'apprendre que les Éthiopiens orthodoxes chrétiens devaient se soumettre à 180 jours de jeûne obligatoire par an. 180 jours! Et le jeûne, pour eux, c'est un seul repas par jour, avec interdiction de manger des œufs, de la viande, du gras et du lait. Déjà qu'ils ne sont pas gros...

Toutefois, cette piété appuyée ne les empêche pas, en tant que société, de céder aux modes et aux tendances actuelles. Et pendant qu'on discute, là, tout de suite, en ce moment, les trois employées du club vidéo regardent à la télé l'émission la plus populaire du pays, *Ethiopian Idol*, un show copié sur tous les autres, mais dont vous devinerez qu'il a été réalisé avec moins de budget que la garde-robe de Julie. Et pourtant, même si ça a l'air d'être tourné chez H&R Block par Mononcle Jean-Guy et que le talent fait défaut, les trois jeunes employées réagissent comme toutes les jeunes filles du monde entier : «Hiiiiii! Lui yé tellement beau!»

Bon, qu'est-ce que j'étais venu vous raconter, moi? Je ne m'en souviens plus… Ha!

Je suis tellement cool.

L'Éthiopie
en autobus jaune

20 MAI 2006
— **LALIBELA, ÉTHIOPIE** › 08-E —

Bombes

Quand les bombes ont éclaté vendredi dernier dans Addis, j'étais parti, par là, à Lalibela, « là-là » avec l'accent du Lac. Jour de tombée oblige, mes chroniques aussi sont à retardement. Merci de vous inquiéter.

Et je ne sais comment on vous a décrit l'incident aux nouvelles, mais les explosions ont eu lieu au milieu de la nuit et dans des endroits peu fréquentés; et selon les locaux, ce serait l'œuvre du gouvernement qui avaient besoin d'une raison pour emprisonner quelques membres de l'opposition qui lui tapaient sur les nerfs depuis un bout de temps.

Attraper l'autobus

Il y a rarement vente de billets à l'avance et tous les autobus longue distance ne partent qu'à une heure unique : 6 h a.m. Aucune alternative ! Il faut donc vous lever à 4 h 00 pour prendre une douche et vous étirer les muscles avant le départ. Et vous ne le regretterez pas, croyez-moi... C'est comme se réchauffer avant un combat !

Le truc, c'est de se pointer une heure avant à la station et, une fois rendu sur place, de déjouer la foule déjà agglutinée devant la grille pour essayer de vous placer devant. Et c'est très important : aussitôt les portes ouvertes au public, des centaines de personnes se rueront à bord des autobus, dans une cohue indescriptible et, en courant dans la noirceur, il vous faudra essayer de trouver votre autobus avant qu'il ne se remplisse. Et tentez de prendre le banc solo, en avant !

Parce que, comme il est interdit de voyager debout ou assis par terre dans l'allée, en Éthiopie, ils entasseront de trois à quatre adultes par banc, sans compter les enfants. Plus les bagages et les animaux, ne manque que le mot SARDINES peint sur le capot.

– PHOTO –
DANS LES RUES DE LALIBELA.
• BRUNO BLANCHET •

Le départ

Ça part toujours de la même façon. Avec le moteur, on allume la musique! Je n'ai rien contre la musique éthiopienne, même que j'aime plutôt et parfois beaucoup; mais aux aurores, jamais rien ne vous préparera à affronter les « bidoubidoubidou » et les « de mes deux la, de mes deux de mes deux de mes deux la », le volume à 11, sur une cassette qui babine ou joue des deux côtés en même temps.

Un autre cas de bouchons.

La route

Enfin! Vous ai-je mentionné que l'Éthiopie est un pays splendide? Wow! Des champs de pierres de Saint-Octave-de-L'Avenir, *made in* Gaspésie, aux vertes prairies de Mongolie, ce sont des kilomètres et des kilomètres en montagnes russes où, brusquement, la végétation se transforme, passant des cactus gros comme des chênes à des conifères, puis à des eucalyptus et à des cactus once again. À mesure que l'on monte en altitude, la végétation se raréfie, les taillis rabougrissent et, finalement, là-haut, sur la lune, où les vallées s'enfoncent à chaque tournant, on s'attend à voir surgir le Grand Canyon.

Époustouflant!

B-12

À midi, l'ombre d'un aigle plane sur la chaussée. Et des singes bondissent dans les fossés. STOP! Un homme nous barre la route. Devant, il y a des camions et une grue qui creuse. Qui creuse un trou, bien sûr, mais le but n'est pas évident, ici, au milieu de nulle part. Il n'y a pas de cônes orange. Et l'homme de la voirie qui nous a barré le chemin ne porte ni veste, ni casque de construction. Sur sa tête, plutôt, un sac de velours avec des cordons qui lui pendent sur le front.

Je vous jure, c'était un sac de pinouches de Bingo.

Canada

Une femme assise derrière moi, de l'autre côté de l'autobus, attire mon attention. Elle pointe en direction de sa poitrine. Je m'étire le cou. Sa blouse est ouverte et son sein, dénudé. Elle me fait signe qu'elle en a deux. Je fais: «Ah oui?» Elle me dit: «*Take to Canada?*» Surpris, je fais: «Amener au Canada? Euh, je sais pas! Elle insiste: «*Please, Mister!*»

Cinq minutes plus tard, je m'aperçois qu'elle a un bébé sur les genoux.

C'est drôle, mais c'est pas drôle en même temps.

L'Éthiopie en autobus jaune (2ᵉ partie)

27 MAI 2006
– LALIBELA, ÉTHIOPIE › 07-E –

Dans l'autobus, un enfant pleure, les vieux ronflent, deux jeunes jouent aux cartes et rigolent. Je regarde par la fenêtre embuée. Des conifères. Pendant un instant, j'ai l'impression d'être à la maison. Au Lac-Saint-Jean. L'autobus freine brusquement.

À l'entrée d'un village avec un nom long comme le bras, tellement long qu'il faut se retourner pour voir la suite de l'autre côté de la pancarte, assis en plein sur la ligne blanche, au beau milieu de la rue, un mendiant sans jambes tend son bras vers le véhicule. Le chauffeur l'engueule. Mais, mon vieux, c'est pas de sa faute !

Comment le cul-de-jatte a-t-il abouti là ? Qui l'a placé sur le milieu chemin ? Qui est assez cruel pour faire une chose pareille ? Hum… Voyons ce qu'en dirait votre téléréalité favori : « Drame du quotidien » !

Drame du quotidien

« Pilou ! Pilou ! » Dans la hutte, la mère se fâche.

« Pilou ! »

L'adolescente arrive en se traînant les pieds. Elle mâche de la gomme et rouspète.

« Ah, moman, quesse qu'y'a encore ! »

« Va sortir mononc' Tiboutte dans rue ! » lui ordonne la mère sans se retourner, en pilant le mil. Évidemment, l'ado n'est pas contente ! « Pourquoi c'est toujours moi qui sort mononc' Tiboutte dans la rue ? Hein ! Pourquoi Toumou, il le fait jamais, lui ? Hein ? »

« Parce que Toumou, yé pas capab', bon, combien de fois faut que je te le répète ! La dernière fois, il l'a échappé dans l'ruisseau… Une maudite chance qu'y avait pas d'eau ! »

« Y'a faite exprès de l'échapper, qu'est-ce tu penses ! *Crime* que t'es nounoune ! »

« Hey, parle-moi pas sur ce ton-là, jeune fille ! Attends que ton père rentre à maison… »

« Ben oui, ben oui, c'est ça. »

Pilou ramasse le mononc' et le sacre dans la brouette. Mononc' Tiboutte rouspète.

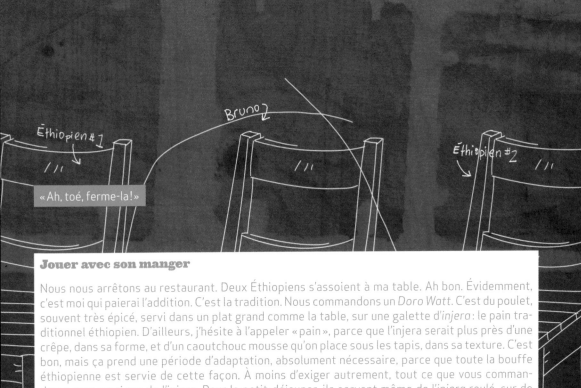

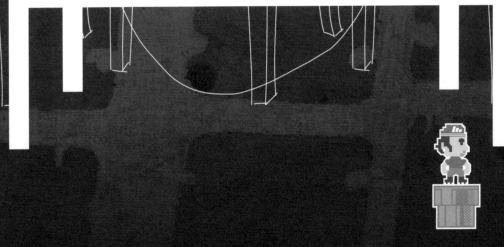

Jouer avec son manger

Nous nous arrêtons au restaurant. Deux Éthiopiens s'assoient à ma table. Ah bon. Évidemment, c'est moi qui paierai l'addition. C'est la tradition. Nous commandons un *Doro Watt*. C'est du poulet, souvent très épicé, servi dans un plat grand comme la table, sur une galette d'*injera* : le pain traditionnel éthiopien. D'ailleurs, j'hésite à l'appeler «pain», parce que l'injera serait plus près d'une crêpe, dans sa forme, et d'un caoutchouc mousse qu'on place sous les tapis, dans sa texture. C'est bon, mais ça prend une période d'adaptation, absolument nécessaire, parce que toute la bouffe éthiopienne est servie de cette façon. À moins d'exiger autrement, tout ce que vous commanderez sera servi sur de l'injera. Pour le petit-déjeuner, ils servent même de l'*injera* roulé, sur de l'*injera*; ce qui serait l'équivalent chez nous d'un sandwich au pain.

Puis, le plat commun est dévoré en groupe, avec les mains, sans façon, comme une bande de cochons. Je dis «comme des cochons», mais c'est faux : il y a des règles à respecter pendant le repas. Il est interdit de se lécher les doigts, de se moucher ou d'utiliser sa main gauche parce que c'est la main impure. Et tout ce qui a été en contact avec votre bouche ne peut pas retourner dans l'assiette. Cela dit, c'est très rafraîchissant de pouvoir jouer avec sa bouffe, comme à l'âge de 4 ans. Et en groupe, l'expérience est drôlement amusante.

Essayez à la maison! Placez le souper dans un plat au milieu de la table, remontez-vous les manches, pis garrochez-vous dedans. Comme des bébés! Youpi! Et les amoureux, faites le «gourcha» : prenez la bouffe avec vos doigts et glissez-la doucement dans la bouche de votre partenaire... Miam! Jouer avec son manger, un plaisir oublié?

Pas si cool que ça

J'étais content d'arriver à Lalibela. Après deux jours de routes emmêlées comme des cheveux de rasta, avec une vieille Éthiopienne endormie à mes pieds, la tête sur ma cuisse et l'épaule dans le creux de mon genou, et l'Autre, Majuscule, de son prénom, qui devait mesurer trois mètres (ils peuvent être grands longtemps, les *habishats*) qui me rentrait son coude osseux de basketballeur dans la flottante à chaque fois qu'on tournait à droite, j'avais ma claque.

En descendant du bus, comme j'étais le seul *farangi* à bord, je supposais que j'allais attirer un peu l'attention. Un peu, tu dis? Je n'ai jamais vu ça! Ils devaient être au moins 50 à courir derrière moi, en hurlant « You you you! Money money!»

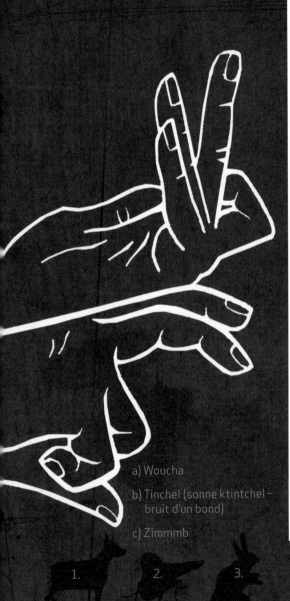

a) Woucha

b) Tinchel (sonne ktintchel – bruit d'un bond)

c) Zimmmb

1. 2. 3.

Je me suis réfugié dans ma chambre d'hôtel. Le lendemain, quand la scène s'est répétée, une fois, deux fois, 10 fois, j'ai pogné les nerfs.

« Trouvez-vous donc de quoi à faire! Gang de fatigants! »

Mauvaise idée. Ils ont trouvé ça plutôt comique, le monsieur du Canada avec la face rouge. Ils en ont remis. J'ai même reçu une roche. Une petite raide sur l'oreille.

Un conseil? À Lalibela, trouvez-vous un guide local qui vous collera aux semelles et chassera les gamins et les importuns. À 10 $ par jour, c'est pas cher payé pour vous promener en paix. Vous rencontrerez des gens de la place. Avec eux, vous irez boire un pot, dans leurs bistrots. En plus, vous apprendrez à dire toutes sortes de grossièretés en amharique. Et vous apprécierez l'endroit, en bout de ligne.

O dish alo.

Les mouches

Lalibela, c'est le pays des mouches. Des effrontées, à part ca! Elles vous rentrent dans le nez, dans les oreilles, dans la bouche, aaaah! Les mouches, on les appelle « zimmmb » ici. Zimmb zimmb! Amusant, comme aux îles Fidji, les insectes et les animaux sont souvent identifiés aux sons qu'ils émettent. Chien, par exemple? *Woucha*, qu'on dit.

Maintenant, essayez de trouver « lapin » (un indice: c'est comme « kangourou », mais en plus petit).

Vous avez une semaine.

Les anges
dans nos campagnes

On dit qu'elles sont la huitième merveille du monde. On les compare aux pyramides d'Égypte, aux temples d'Angkor Vat et même à Karine Vanasse. Les pèlerins se prosternent à leurs pieds, les touristes en repartent bouche bée ou convaincus de l'existence de Dieu. Ce sont les églises rupestres de Lalibela.

Creusées à même le roc, le toit à la hauteur du sol et l'entrée 10 mètres plus bas, faites d'un seul bloc, les églises sont de deux types : complètement détachées de la paroi (monolithiques) ou semi-détachées (comme à Duvernay). Vous imaginez le travail ? Pas t'encore ? OK ! Faisons un exercice. Vous avez devant vous... rien. Sous vos pieds, de la pierre dure comme de la roche. Nous sommes en 1100 après Jésus-Christ, en Éthiopie, et les seuls outils dont vous disposez sont un marteau de métal mou avec un manche en bois d'olivier, patenté avec une courroie de cuir de chèvre, et un pic pas pointu du tout que vous avez emprunté à votre beau-frère Mario pour refaire la terrasse de votre grotte. Toc toc toc toc toc, 23 ans et beaucoup de poussière plus tard, 11 églises se dressent dans des trous béants, 11 monuments fantasmagoriques reliés entre eux par un labyrinthe de tunnels et de passages qui conduisent à des grottes et à des culs-de-sac troublants. Il fait noir là-dedans ! (Commentaire : plus encore que la forêt de pierre de Shilin en Chine, Lalibela serait LA place pour jouer à la cachette barbecue.)

Vous avez saisi le topo ? D'accord ! Maintenant, la cerise sur le gâteau. Selon l'histoire officielle, la construction aurait pris 23 ans. On estime que 40 000 travailleurs auraient taillé le roc pendant ces deux décennies pour achever le Miracle. Parce que cela en est un, Miracle, avec un grand *M* un petit *i* un petit *r* un petit *a* un petit *c* un petit *l* un petit *e*, Miracle, Miracle, yeeeah ! (une gracieuseté des cheerleaders de Dieu). Il est en effet absolument impossible qu'un travail de cette envergure n'ait pris que 23 ans (l'âge de Karine, non ?[12] Ah ah ! Peut-être y a-t-il un lien...). Alors, quoi ? C'est grâce aux anges.

[12] NdE : oui, l'âge de Karine Vanasse en 2006

Selon l'histoire officielle « officielle », la nuit, les anges allaient battre des ailes au-dessus des chantiers et la chaleur du vent soulevé par leurs battements ramollissait la pierre ; le lendemain, les gars pouvaient laisser leurs marteaux à la maison et travailler le basalte en bedaine, au cure-dents et à la cuillère. Comme de la plasticine. Ils étaient contents ! « Siffler en bricolant, fffu fffi fffu fffu fffu fffu fffiiii ! »

Vous riez ? Ah bon. Vous n'y croyez pas... Et vous croyez à la Bible, à la naissance de Jésus, à la marche sur l'eau, à la résurrection, à Dieu le Tout-puissant ?

Alors... Pourquoi la version de la « construction avec des anges » de Lalibela en Éthiopie ne serait-elle pas crédible ? Parce que c'est en Afrique ?

— PHOTO —
À L'ENTRÉE D'UNE DES ÉGLISES
RUPESTRES DE LALIBELA.
• BRUNO BLANCHET •

Bibi peut vous jurer qu'après avoir touché avec délicatesse et respect ces bâti-ments uniques, après avoir posé le visage contre la pierre froide des imposants piliers des églises et humé l'encens qu'on y brûle depuis des siècles, après vous être assis au milieu des prêtres qui récitent d'étranges psaumes en secouant de grands bâtons, comme moi, vous douterez... La magie existe-t-elle? Forcément. Parce que, pendant quelques heures, vous avez été transporté en l'an mille après Jésus-Christ.

Parlant de retour dans le temps, en Éthiopie, nous sommes en 1998.

P.-S.: Je vous laisse refaire les calculs aujourd'hui!

Les Éthiopiens utilisent le calendrier julien (et pas de traces des patates juliennes, étrange...), composé de 12 mois de 30 jours et d'un mois de quatre, cinq jours, selon la «bissextilité» de l'année. Donc, aujourd'hui, n'ayant jamais adopté le calendrier grégorien, ils sont 7 ans et des mois en retard (peut-être sommes-nous en avance?). En tout cas, même si ça devient mélangeant (et en plus, combiné à l'heure qui n'est pas à la bonne heure), je ne me plains pas. Au contraire! Pendant que vous vieillissez, moi, je revis ma 36ᵉ année. Je ne me souvenais pas de ô combien j'étais fou. Petit monsieur pas de cou.

— PHOTO —
VUE EN PLONGÉE
D'UNE ÉGLISE RUPESTRE.
• BRUNO BLANCHET •

Avant qu'on ne se laisse, il y a une chose que je tenais à vous dire, c'est MERCI! Merci à vous qui prenez le temps de me lire, et merci à ceux et celles qui prennent le temps de m'écrire: j'aimerais tellement pouvoir tous vous répondre ou seulement vous lire, mais l'Internet et l'Afrique, jusqu'à présent, ne sont pas compatibles.

Mes chroniques d'ici sont d'ailleurs toutes envoyées au tam-tam...

Gelé
ben raide

10 JUIN 2006
— QUELQUE PART EN ÉTHIOPIE › 07-E —

14 h. Il fait chaud. Ma bouteille est vide.

Au point d'eau, à 2 300 mètres, des femmes se pressent autour d'une flaque de liquide brun pâle que je boirais avec plaisir si le petit garçon avec la morve au nez n'avait pas le cul dedans. Assoiffé, Tsegaye, dit Ti-Guy, mon guide et fidèle compagnon, boit goulûment. Moi, au milieu des Blacks qui remplissent leurs bidons rouges ou jaunes, je suis trop blanc.

— PHOTO —
À L'APPROCHE
DU DERNIER VILLAGE...
• BRUNO BLANCHET •

Il nous reste 10 kilomètres à parcourir, sur les 40 prévus, plus une montagne à grimper, et la dernière chose dont j'ai besoin, c'est d'échapper mes intestins en chemin. Déjà que je suis le pire des trekkers.

Mon sac était trop lourd, alors j'ai tout mangé et tout bu. Mes souliers étaient inadéquats, alors j'ai des ampoules aux deux talons d'Achille. J'ai essayé d'enlever mes souliers et de marcher pieds nus comme les incroyables grand-mères qui dévalent la pente, chargées comme des ânes — imaginez la Poune avec une corde de bois sur le dos —, mais j'ai dû vite me rendre à l'évidence : je ne suis pas un fakir et la plante de mes pieds n'est pas en cuir.

En fait, je n'ai tellement rien en commun avec les humains d'ici que je commence à croire que je suis pas loin d'être loin. Très loin. Genre, sur une autre planète.

À l'approche du dernier village, avant la grimpe finale, alors que Ti-Guy m'a promis qu'on y trouverait *something special*, je me surprends à rêver d'un hôtel avec spa et piscine sur le toit (à l'auberge, depuis trois jours, il n'y avait pas d'eau dans les douches et je devais me laver à la débarbouillette, au lavabo… au «lavabain»!)

Au village, une dizaine de huttes. Une trentaine d'enfants tout nus nous accueillent. Pas l'ombre d'un gratte-ciel. *Tough luck.* Et il est où, ton «quelque chose de spécial», mon petit loup?

Ti-Guy me fait signe de patienter. Bientôt, un homme sort d'une des habitations et s'avance vers nous avec, à la main, ce qui a l'air d'être un bouquet de gazon. Après les salutations d'usage, Ti-Guy offre 20 birrs éthiopiens (2,50 $) à l'homme qui lui remet le bouquet en question. Puis Ti-Guy m'invite à l'ombre d'un genévrier, où, pour la première fois de ma vie, je ferai l'expérience du khat.

Une plante qui pousse comme de la mauvaise herbe en Éthiopie, le *khat* (prononcé comme le chat du Net) n'a pas la meilleure des réputations. Paraîtrait que, quand on broute ses feuilles au goût amer, ça rend fou.

En plein ce dont j'ai besoin!

Au bout d'une trentaine de minutes à imiter les vaches dans le champ — on doit mâcher longuement! —, je sens que l'effet du *khat* a saisi mon guide, qui se met à parler de «vouloir changer le monde». Bibi? Bof, je suis comme avant, avec du foin entre les dents.

Ti-Guy se lève d'un bond: «Go!»

Oh! Oh! C'est là que ça s'est passé. En me redressant, j'ai touché le ciel, j'ai compris le sens de la vie et je suis redescendu doucement me poser à 10 centimètres du sol... Et zoooom! Je suis parti comme une balle! Tel un aéroglisseur, je flottais; je n'appartenais plus à cet univers, j'étais l'Univers; j'avais vaincu la gravité et je gravitais; mon corps se mouvait dans l'onde de choc du Big Bang et le cosmos entier m'appartenait; je savais tout et j'allais, moi aussi, comme Ti-Guy, changer le monde. Méchant buzz, tu dis?

Ça a duré 25 minutes.

— PHOTO —
À L'APPROCHE
DU DERNIER VILLAGE...
· BRUNO BLANCHET ·

Je suis rapidement passé de Planète à Pinto, de *Forrest Gump* à Bruno, 42 ans, éreinté et un peu ignorant, qui vient de prendre une drogue dont les effets euphorisants sont ter-mi-nés.

C'était l'heure du down, maintenant.

Parce que le *khat* est comme toutes les choses trop bonnes qui ont la fâcheuse manie de vous attendre au tournant avec l'équivalent en culpabilité et/ou en déception. Je n'aurais pas dû manger autant de chocolat… Pourquoi ai-je couché avec lui?… *Fuck*! J'ai trop fait de push-ups (extrait de la biographie de Bruce Lee)!

La réalité? Je ne suis qu'un vieux clown dans un pays où le mot «clown» n'existe même pas. Il y a la moitié de la côte à gravir et, au sommet, je ne changerai pas le monde, non. Je vais peut-être en faire rire quelques-uns dans le hall de l'auberge, en rentrant, avec mon histoire.

Et je vais aller prendre un «lavabain».

Un zoo
la nuit

17 JUIN 2006
— HARAR, ÉTHIOPIE › 07-E —

— PHOTO —
À HARAR, ON PEUT, SI ON Y TIENT,
APPROCHER LES HYÈNES.
ET LES APPROCHER DE PRÈS.
DE TRÈS PRÈS...
• BRUNO BLANCHET •

Tous les soirs, à Harar, une ville fortifiée de l'est de l'Éthiopie, des hyènes enva-hissent les rues. De la fenêtre de ma chambre à l'hôtel Tewodros, avant-hier, dans la nuit, j'en ai compté 16 sur le terrain de soccer derrière. C'est terrifiant!

M. Youssouf, dit «l'ami des hyènes», nourrit une meute de ces bêtes sauvages à chaque coucher de soleil depuis plusieurs années, et ce, juste devant chez lui; un rituel qu'il a entrepris quand les charognards s'étaient mis à entrer dans les maisons pour manger des bébés. Brrrr!

Paraît que ça les a calmés... Et que pour l'équivalent de trois dollars, on peut même les approcher.

«Rou rou! Rou rou!»

Youssouf appelle les hyènes. Comme dans les films d'horreur, c'est la pleine lune, et une brume sinistre flotte sur la plaine. Les sept touristes et moi qui sommes venus assister au specta-cle scrutons la noirceur en silence depuis au moins 15 minutes. «Nous sommes encore victimes d'une arnaque à l'éthiopienne!», clame l'Allemand, pessimiste. Les Japonais soupirent. Moi? J'espère.

«Rou rou! Rou rou!»

Au 102e appel de Youssouf, une hyène solitaire s'approche enfin. Tout le monde est excité, sauf Youssouf. «Elle ne fait pas partie du groupe habituel, dit-il, et ça va barder... Regardez!»

Derrière, 20 petits yeux jaunes brillent dans la pénombre. Watch out!

Une femelle enragée saute à la gorge de l'intruse et la renverse sur le flanc, pendant que le reste de la bande... rit. Rit? J'ignore où on est allés pêcher cette comparaison idiote, mais je vous assure que, de notre position, à 4 mètres des animaux, c'est un cri terrifiant que lancent ces bêtes! Un rire? Si la soirée n'était pas aussi chaude, je vous dirais un cri «à vous glacer les os»; mais dans les circonstances, je me contenterai de «à vous ramollir les genoux».

D'ailleurs, notre groupe de badauds a reculé d'un bond et s'est instinctivement resserré, comme un troupeau de gnous menacé dans la savane.

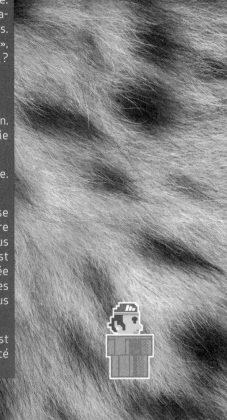

Une fois l'indésirable chassée, les hyènes s'avancent alors en grognant, les yeux rivés sur la foule terrifiée. OK... Peux-tu lancer la viande, Youssouf? Merci!

Aussitôt lancés, les premiers morceaux de viande créent de nouveau une dispute entre les bêtes. La femelle, la patronne, que Youssouf a baptisée «Jumbo», et qui est visiblement la plus grosse et la plus féroce, distribue les aouuuh!, les grrrr! et les coups de dents pour rappeler à chacun son rang. Du vrai *National Geographic*!

Une fois l'ordre rétabli, Youssouf invite les hyènes à s'approcher en jetant les t-bones à un mètre devant lui, presque à ses pieds. Dans la zone des humains. Hésitante, une hyène s'y aventure. Slurp! Puis une deuxième. Miam! Youssouf, confiant, pose alors un bout de viande à l'extrémité d'un bâton pas plus long qu'une règle à mesurer, et il place le bâton... dans sa bouche. Hiiii! Clac! La grosse femelle gourmande vient lui arracher la bouchée, à 10 pouces de son visage. Youssouf se retourne avec un large sourire. «Quelqu'un veut essayer?»

Hein? Essayer de nourrir une hyène avec sa bouche?!? Je fais rapidement le calcul du danger que ça représente, moins les chances que j'aurai dans ma vie de nourrir une hyène avec ma bouche. Hmm... Je me précipite.

«Moi, moi, moi!»

Les Japonais me tapent dans le dos, sans doute heureux que quelqu'un d'autre qu'eux serve de cobaye. Ou de hors-d'œuvre? «*One hundred percent 100% Canadian beef*», s'écrie l'Israélien.

Youssouf me recommande de m'agenouiller pour ne pas effrayer les animaux. Je me demande bien qui d'entre nous devrait avoir peur! D'ici, je sens la fébrilité du groupe de hyènes qui m'encercle et je suis persuadé qu'elles doivent aussi percevoir ma crainte de mourir dans d'atroces souffrances après m'être fait arracher la face.

— PHOTO —
HYÈNE SE FAISANT
NOURRIR AU BÂTON.
• BRUNO BLANCHET •

Toussour place un steak saignant au bout du bâton que je tiens entre mes dents. Une hyène zieute aussitôt le morceau. Oh, oh! Elle fait trois pas rapides dans ma direction, et SCHLAC! Je n'ai même pas le temps d'avoir peur... MAIS QUEL RUSH HALLUCINANT! Encore! Et encore!

Bref, il a fallu qu'on m'arrache le bâton des mains. Et cette nuit-là, incapable de fermer l'œil, comme «en manque», je suis allé m'asseoir au milieu du terrain de soccer, le fou. À deux heures du matin, vous auriez vu la gueule de la douzaine de hyènes qui fouillaient les déchets... Elles étaient bouche bée!

- Mais qu'est-ce que c'est que cet énergumène, au milieu du terrain?

- C'est un humain, patron.

- Je vois bien que c'est un humain, crétin! Je me demande pourquoi il grimace ainsi...

- Il rit, patron. Il rit.

Au pays du « yeah man »

23 JUIN 2006
— SANAA, YÉMEN › 06-E —

Bonne Saint-Jean, les Québécois! Ma gang de... Je suis au Yémen. Qu'est-ce que je fais là! J'suis pas supposé être en Afrique?

Le plan, je vous le rappelle, était de quitter l'Éthiopie par le sud, de chasser le lion au Kenya, de me faire chasser par les gorilles en Ouganda, d'attraper la malaria en Tanzanie, d'adopter un enfant au Malawi et d'accoucher en Namibie. Mais tout le monde le fait, alors...

Sérieusement, c'est une histoire vraiment abracadabrante qui m'a conduit jusqu'ici. Pour faire changement! Je vous en reparlerai plus tard, c'est promis, pour l'instant, situons-nous dans l'espace.

Donc, le Yémen. Pays le plus au sud sur la péninsule arabique. Montagneux, chaud, et surtout, pour ce qui me concerne en ce moment, très «musulman», ce qui signifie en d'autres termes très «sans alcool pour fêter la Saint-Jean»! Je sais, c'est terrible. Mais à cause et parce que je serai ici pendant sept semaines pour suivre des cours d'arabe, j'ai trouvé un truc.

Je ne bois pas.

On n'en parle plus! Y'a rien à boire? J'bois pas. Pfff! Si vous pensez que ça m'énerve! À force de manquer de tout, je suis rendu ainsi: calme, discipliné et efficace; et si quelqu'un, pour m'écœurer, me dit: «Hey Brune, ce serait le fun de boire une petite bière frette en écoutant la Coupe du Monde, hein?», je prends une grande inspiration et j'y sacre ma main dans face.

À part cette broutille insignifiante (et mille autres patentes dont je vous parlerai avant longtemps), au Yémen, curieusement, je me sens... ultra léger. Cabotin. Encore plus insignifiant qu'à l'habitude (ah...vous avez remarqué?). Difficile de vous expliquer précisément pourquoi, mais, le Yémen, il me fait sourire. Un gros sourire. Hi hi hi. Dans mon coin, tout seul. Hi hi hi. Je ricane. Mais n'allez pas croire que je me paye la tête de ce rude pays, *nenni*: je ris comme lorsque ça n'est pas du tout supposé être comique. Comme quand le croque-mort cabochon, le jour de l'enterrement, a de la sauce à spaghetti sur le menton.

— PHOTO —
BONNE SAINT-JEAN,
DE LA PART DE BRUNO
QUI VIT À L'HEURE DU YÉMEN.
· BRUNO BLANCHET ·

Un peu gauche, le Yémen? Peut-être.

Quand, en arrivant à la frontière, on subit un interrogatoire serré comme les collants du chanteur de Queen les soirs que son paquet faisait s'évanouir les trois rangées d'en avant, on sait que c'est du sérieux; mais on ne peut s'empêcher de trouver ça un peu «gros dans les circonstances. Et quand on découvre l'arsenal du Yéménite moyen, on saisit vite qu'il ne veut pas qu'on le trouve drôle, son pays: je n'ai personnellement jamais vu autant d'armes à feu, le samedi matin, à l'épicerie... Je ne sais pas de qui ou de quoi ils ont peur, mais en plus du *jambiah*, le long couteau rituel incurvé qu'ils portent à la ceinture (un symbole culturel du Yémen du Nord), nombreux sont ceux qui ont, sur la hanche, un pistolet de cow-boy et sur l'épaule, une AK-47 ou une kalachnikov.

«Qu'est-ce que ça va être pour toi aujourd'hui, mon Ibrahim?»

«J'vas en prendre une demi-livre de ton simili-poulet, Monique, et trois roquettes sol-air.»

«Pas de problèmes, mon Ibrahim... As-tu écouté les nouvelles à matin? Ça a l'air qu'il va peut-être mouiller c't'après-midi!»

«Es-tu sérieuse?»

«Ouain, y l'ont annoncé à radio tantôt... Probabilité d'orage.»

«Probabilité.»

«C'est ça que j'ai dit.»

«Entoucas. Donne-moi donc quatre roquettes dans ce cas-là, ma belle Monique. Pis deux grenades... Ah, pis, avant que j'oublie, une pinte de lait *Nono*. Sinon, ma femme va me tuer!»

L'homme sort du magasin avec un petit sac brun, amanché comme Rambo, puis ajuste la ceinture sur sa jupe et rentre à la maison en marchant main dans la main avec son voisin, un soldat en uniforme... Voyez le sourire? Singulière image, n'est-ce pas? Et tout ce qu'il y a de plus véridique. C'est aussi vrai qu'ils vendent du lait *Nono*, des téléviseurs de marque *Vidéocon*, du dentifrice au chocolat et qu'ils ont plein de mots qui finissent en «oune». Par exemple, toutes les «dizaines» sont des «dizounes». Or, quand je demande combien ça coûte et qu'on me répond «ta-manoune» (80), moi, vieux bébé lala, je ne m'habitue pas.

Mais ça va venir. Et ce jour-là, je partirai pour un autre pays.

En attendant, passez une mosus de belle veillée de la Saint-Jean et débouchez-en donc une à ma santé, ça me ferait tellement plaisir...

Les 12 travaux de Bruno

Sanaa, Yémen. Chaque matin, à la chambre 126 du chic Emirates Hotel, là où on lave les tapis bruns à la moppe, un cadran éthiopien à 3 piasses qui sonne à 6h30 pile passe à deux poils de se faire détruire. Vive les vacances, au diable les pénitences? Well... Moi qui me dépêchais, enfant, à être le premier dans la cour de l'école après l'examen du 21 juin pour entamer le «on met l'école en feu et les profs dans l'milieu» (on était heavy, les jeunes!), je me réveille maintenant au lever du soleil, en plein été, à 42 ans, pour aller à la petite école arabique, avec ma boîte à lunch , mes crayons de bois et mon cahier à double interligne! Et j'aime assez ça! Sur les affiches des magasins, les petits dessins d'hier qui ne me disaient rien du tout aujourd'hui me parlent joyeusement; et j'arrive à exprimer plein de mots que je ne comprends pas du tout. Le rêve d'un amoureux de l'absurde...

— PHOTO —
LA VILLE DE PAIN D'ÉPICE
DE SANAA, AU YÉMEN.
· BRUNO BLANCHET ·

Le seul problème, c'est que je n'ai pas vraiment autre chose à vous raconter; sinon que la vieille ville de Sanaa, où j'étudie, est jolie à croquer (on la dirait en pain d'épice), que les Yéménites sont plutôt gentils et qu'à l'école, en oral, on affirme que je suis un futur expert du son «kh»: un son de gorge profond que je situerais entre un soupir de satisfaction et une voiture qui démarre.

La prochaine fois qu'on se croise, promis que je vous susurre un «kh» à vous donner des petits frissons sexy.

En attendant, pour les prochaines semaines (et pour le plaisir!), sur un ton «léger et enso-leillé», je vous emmène à bord d'un des péri-ples les plus rocambolesques de ma vie: celui qui m'a conduit jusqu'ici. D'Addis à Djibouti, puis sur la mer Rouge et celle d'Arabie, vous braverez vents violents et déserts trop chauds, affronterez soldats obtus et fonc-tionnaires idiots. Pour de l'action à la tonne et des rebondissements, souvent en sous-vêtements, lisez *Les 12 trrrravaux de Brunoooo!*

JOUR 1...

Addis-Ababa. 29 degrés Celsius. Probabilité de précipitation: 100%. Taux d'humidité: dans le tapis. Midi.

À trois jours de l'expiration de mon visa, je dois trouver un moyen de sortir de l'Éthiopie au p.c. ou me soumettre à l'épreuve du «Bu-reau de renouvellement de visas de l'édifice de l'immigration éthiopienne». Un modèle de bureaucratie à l'africaine, le BRVEIE (confu-sion garantie ou argent remis!) est un souk suffocant qui donnerait à une salle d'urgences des airs de Club Med turc échangiste.

J'ai essayé! Ah oui… Et j'en connais même qui ont réussi! Mais Bibi n'a pas eu le courage de passer quatre heures attaché par les pieds, la tête en bas, dans une salle sombre et mal aérée, à se faire insulter et fouetter avec une ceinture de cuir par deux blondes de six pieds, en costume nazi. Vous riez? J'exagère à peine! Y'a des grands bouts où je me demandais même si j'étais au bon endroit… Surtout quand Max Mosley est arrivé! En tout cas.

Conséquence? Moi qui devais aller dans le sud de l'Éthiopie pour visiter les tribus Omo, un trip que je me promettais depuis des mois, j'étais forcé de quitter le pays. Ennuyant? En effet. Mais j'avais prévu un plan B tout aussi excitant: trois semaines au pays d'à côté, le Soudan.

Oui, le Soudan! Parce qu'ici, on dit unanimement des Soudanais qu'ils sont gentils, accueillants et, somme toute, très différents de l'image que les journaux télévisés nous donnent d'eux à partir du Darfour. Mais pourquoi on nous raconterait ça aux nouvelles, hein?

«Selon notre correspondant à l'étranger, Bruno Blanchet, les Soudanais aiment bien partager le thé avec des étrangers…»

À l'écran, on verrait Bruno et un Soudanais avec une théière. On verrait la carte du Soudan. On verrait du thé dans une tasse. On changerait de poste.

Dix jours plus tôt donc, pour éviter d'être pris au dépourvu, j'avais déposé ma demande de visa soudanais à l'ambassade du Soudan d'Addis-Ababa. Parce que, pour visiter le Soudan, ça prend un visa. Cet après-midi, j'allais chercher mon visa sans me poser de questions, lalalalala, en croyant que c'était dans la poche.

Pour être dans la poche, ça l'était! Mais pas nécessairement dans la mienne…

Les 12 travaux de Bruno : Picasso et moi

8 JUILLET 2006
— ADDIS-ABABA, ÉTHIOPIE › 08-E —

Rappel de l'action : Bruno marche vers l'ambassade du Soudan, à Addis, pour aller quérir un visa qui lui permettra de sortir d'Éthiopie, où il ne lui reste que 72 heures avant l'expiration de son permis de séjour. Passé ce délai, Bruno risque la prison et, à minuit pile, son sac à dos se transformera en citrouille.

Vous connaissez les hommes-seaux ? La première fois qu'on m'a mentionné leur existence, j'ai cru à une légende urbaine ou à de la science-fiction. Jusqu'à cet après-midi...

Vous savez tous déjà qu'en Asie et en Afrique la pauvreté endémique force les gens à poser des gestes insensés pour de l'argent, comme de se couper un bras pour faire la manche ou vendre les reins de ses enfants pour s'acheter à boire.

Dans certaines familles démunies, on commence dès le plus bas âge à « former » la progéniture pour l'avenir — c'est-à-dire qu'on la prépare très jeune à une vie de mendicité. Question de s'assurer que le jeune rapportera à la famille un maximum de fric, on en fait un monstre. On le plie, on le comprime et on le tord jusqu'à ce que, aux yeux des passants — les clients —, ne reste de lui qu'une déformation spectaculaire à retourner les pierres, une distorsion majeure et payante qui lui autorisera néanmoins une autonomie de locomotion.

De quelle façon s'y prend-on? Pensez aux bonsaïs... La méthode est aussi cruelle. Avant qu'un enfant ne se mette à marcher, on l'enfonce, en position assise, au fond d'un seau. Un seau dans lequel il n'y a pas d'eau parce qu'il faut que ça coince : l'enfant va grandir dedans...

Imaginez l'adulte maintenant.

J'étais à attendre que le feu vire au vert en face de l'ambassade quand l'homme-seau sur le terre-plein, étrangement couché sur le côté à la manière d'un chien, s'est prestement redressé et a foncé dans ma direction. Au secours! Quand j'ai vu s'approcher cette «chose» qui avançait à quatre pattes au milieu des voitures, sur la plante des pieds et sur les mains (comme Linda Blair qui descend les escaliers dans *L'Exorciste*), cette espèce d'araignée humaine avec un long derrière en forme de triangle isocèle qui pointe vers le ciel, j'étais tellement sous le choc que ma première (et injuste) réaction fut de crier quand il m'a empoigné le mollet. AAARRGH! J'ai lâché un de ces «wacks»!

J'ai failli lui taper dessus.

Horrifié, je me suis vite dégagé la jambe, et c'est en courant que je suis entré à l'ambassade du Soudan.

«Quelqu'un peut me donner mes papiers, que je sacre mon camp?»

J'avais remis ma demande de visa il y a 10 jours et les fonctionnaires de l'ambassade m'attendaient aujourd'hui avec une jolie surprise: ils avaient perdu mon dossier.

«Monsieur Bruno, pouvez-vous remplir une nouvelle demande, et revenir dans 10 jours?»

Pardon?! Mais vous êtes donc ben tatas! Faut que je parte dans 3 jours! Si vous ne me donnez pas le visa, j'ai plus rien, moi!

«Tant pis», qu'ils ont dit, et clac! Quand la porte s'est refermée, le trottoir s'est ouvert sous mes pieds.

«Aaaaaaa… Ça va maaaaaaaaallll!» Complètement paniqué, j'allais donner un grand coup de pied dans la porte en beuglant à l'injustice, en criant au scandale, lorsque la chose la plus surnaturelle s'est produite: mon regard a croisé celui de l'homme-seau qui avait repris le guet sur son terre-plein. Et j'ai figé.

Le corps difforme était aussi terrifiant qu'auparavant, mais… il y avait quelqu'un dedans. Quelqu'un que je n'avais pas vu. Quelqu'un que je n'avais pas pu voir, dans mon énervement, quelqu'un que je n'avais pas su voir, auparavant. Quelqu'un qui m'offrait un sourire réconfortant, la tête entre les barreaux de sa prison.

J'ai traversé la rue avec une envie folle de le serrer dans mes bras. De le remercier de m'avoir rappelé que j'ai mes deux bras, mes deux jambes, la santé, et un avenir devant moi. Aussi incertain qu'il soit.

Mais j'ai beau être sensible, je reste un gars! Hey! Alors, je lui ai donné une bine sur l'épaule, puis je suis allé au dépanneur acheter une grosse bière, qu'on a bue ensemble, Picasso et moi, assis sur le trottoir, en jasant de la pluie et du beau temps. Ha! Dire que je croyais, pendant un moment, avoir tout perdu…

J'avais simplement oublié l'essentiel, il y a bien longtemps.

— PHOTO —
MON PÉRIPLE SE POURSUIT
EN ÉTHIOPIE, UN PAYS
OÙ VONT TOUJOURS DE PAIR
LA BEAUTÉ -PAR EXEMPLE,
CELLE DES FEMMES — ET LE SORDIDE.
• BRUNO BLANCHET •

La centième

15 JUILLET 2006
— **PARTOUT, NULLE PART** › 06-E —

« Bruno, sais-tu que ce sera bientôt ta centième *Frousse* ? »

- « Ah oui ? »

Quand Marie-Christine Blais, mon adorée complice, l'amie sans qui je n'aurais pas atteint ce nombre avec autant de plaisir, m'a suggéré d'écrire un *Spécial 100*, j'le sentais pas. « C'est rien qu'un chiffre, Mimi ! Et j'haïs les listes… », que je lui ai répondu. « Fais donc ce que tu veux, mosus de vieux punk ! », qu'elle m'a ordonné, mettant du coup le doigt sur un beau gros piton rouge : pourquoi suis-je où je suis ?

Peut-être parce que je suis qui je suis ?

Le fils de Nicole et Clément Blanchet qui, un soir de 1981, au spectacle des *Ramones*, est devenu Bruno. Parlez-en à ma mère…

J'avais quitté la maison comme un ado troublé ordinaire et j'étais rentré un punk rocker convaincu, trrrrès tard, avec un seul running shoe — j'avais lancé l'autre sur Lucien Francœur qui faisait la première partie des *Ramones* — et avec la chemise neuve barbouillée de graffitis.

Et, cerise sur le sundae, pour faire rire mes chums, je m'étais rasé les sourcils. Drôle, hein ? C'était la magie des *Ramones*… À quatre heures du matin, ce jour-là, je venais donc d'entrer par la fenêtre de ma chambre sans faire de bruit et, dans l'obscurité, j'avais juste eu le temps d'enlever ma chemise avant que ma mère n'ouvre la porte.

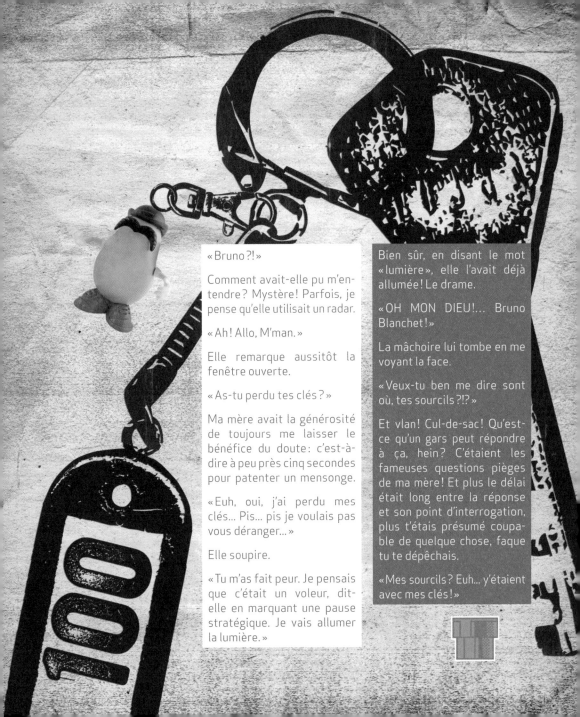

«Bruno?!»

Comment avait-elle pu m'entendre? Mystère! Parfois, je pense qu'elle utilisait un radar.

«Ah! Allo, M'man.»

Elle remarque aussitôt la fenêtre ouverte.

«As-tu perdu tes clés?»

Ma mère avait la générosité de toujours me laisser le bénéfice du doute: c'est-à-dire à peu près cinq secondes pour patenter un mensonge.

«Euh, oui, j'ai perdu mes clés... Pis... pis je voulais pas vous déranger...»

Elle soupire.

«Tu m'as fait peur. Je pensais que c'était un voleur, dit-elle en marquant une pause stratégique. Je vais allumer la lumière.»

Bien sûr, en disant le mot «lumière», elle l'avait déjà allumée! Le drame.

«OH MON DIEU!... Bruno Blanchet!»

La mâchoire lui tombe en me voyant la face.

«Veux-tu ben me dire sont où, tes sourcils?!?»

Et vlan! Cul-de-sac! Qu'est-ce qu'un gars peut répondre à ça, hein? C'étaient les fameuses questions pièges de ma mère! Et plus le délai était long entre la réponse et son point d'interrogation, plus t'étais présumé coupable de quelque chose, faque tu te dépêchais.

«Mes sourcils? Euh... y'étaient avec mes clés!»

Un silence troublant a suivi ma réponse idiote. Un blanc pendant lequel ma mère hésitait entre me déshériter et/ou m'offrir en adoption.

«Qu'est-ce qui se paaaaasse?»

«C'est ton frère encore!»

Ma sœur, qui avait choisi cette pause pour arriver en bâillant, à moitié endormie, se plante alors drett' devant moi et me dévisage pendant un bon 10 secondes avant de voir le problème. Son visage, soudain, s'éclaire et elle se met à rire doucement.

«Hi hi hi… T'es ben niaiseux!»

C'est super-chien, ça, et ma sœur le sait. Si je m'esclaffe, la punition sera terrible! Ma sœur en remet, en riant aux éclats.

«On dirait que t'as pus de face!»

Ha! Faut que j'me morde les lèvres.

«Ben oui… C'est à ça que ça sert, des sourcils!», précise ma mère. Et mon père entre. Oups!

«Clément! R'garde ton gars si y a l'air fin… Parles-y!»

Un bref coup d'œil dans ma direction lui suffit: mon père, un ricaneux, se tourne vite vers ma mère avec les yeux ronds et la bouche fermée par en dedans; il sait que ce n'est pas le temps de rigoler quand Nicole est fâchée, mais c'est plus fort que lui…

«Ah ben là, aide-moi, Clément!»

Mon père souffle un coup et trouve le moyen de rajouter à l'absurde.

«T'as besoin de faire repousser ça au plus sacrant, jeune homme!», qu'il tonne avec sa voix de papa fâché, puis, vite, il se sauve pour aller rire à la cuisine, en trébuchant sur Yanouk, notre chienne esquimaude qui surgissait du corridor.

Je me penche pour la flatter, mais la chienne, en m'apercevant, sursaute et, effrayée, elle se met à japper.

«Bon, la chienne astheure! Tu dois être content! lance ma mère. «Reste juste à aller faire peur aux voisins, maintenant!»

Je craque.

«Ha ha, t'es drôle, M'man, hi hi, faire peur aux voisins!»

«Y'a rien de vraiment drôle là-dedans!», insiste ma mère, sincèrement inquiète. «Penses-tu que tu vas te trouver une job, arrangé de même? Hein? On a ben hâte de te voir, dans 25 ans!»

Voilà. 1981-2006. Ça fait 25 ans, non?

Sais-tu, moi aussi, j'ai ben hâte de vous voir. Maman, Papa et Chantale itou.

Allez, on reprend du début.

I'm a poor lonesome cowboy, a long long way from home…